Lo Imposible es Posible

JOHN MASON es fundador y presidente de *Insight International* y autor de diez libros incluyendo *Un enemigo llamado promedio*, es ministro y orador inspiracional. John, su esposa y sus tres hijos viven en Tulsa, Oklahoma.

Usted puede comunicarse con él con sus peticiones de oración o si tiene preguntas a la siguiente dirección:

John Mason
Insight International
P.O. Box 54996
Tulsa, OK 74155

www.freshword.com
johnmason@fresword.com

Lo Imposible es Posible

JOHN MASON

**CÓMO HACER LO QUE LOS DEMÁS
DICEN QUE NO SE PUEDE HACER**

CARIBE-BETANIA

Una División de Thomas Nelson Publishers
The Spanish Division of Thomas Nelson Publishers
Since 1798 — desde 1798

www.caribebetania.com

Caribe-Betania Editores es un sello de Editorial Caribe, Inc.

© 2004 Editorial Caribe, Inc.
Una subsidiaria de Thomas Nelson, Inc.
Nashville, TN, E.U.A.
www.caribebetania.com

Título en inglés: *The Impossible is Possible*
© 2003 por *John Mason*
Publicado por *Bethany House Publishers*

ISBN 0-8811-3830-4

Traducción: *Raquel Monsalve*

Tipografía: *Grupo Nivel Uno, Inc.*

Quiero dedicar este libro a mi
Señor y Salvador Jesucristo.
En la mano del alfarero,
Él hace algo de la nada.
Gracias, Señor, por tu
fidelidad, gracia y misericordia.

A Dios sea la gloria.
A mi asombrosa esposa, Linda,
y a mis fantásticos hijos,
Michelle, Greg, Mike y Dave,
gracias por todo su apoyo,
amor y risa.

ÍNDICE

INTRODUCCIÓN

CASI TODAS LAS COSAS QUE DISFRUTAMOS HOY eran imposibles ayer. Así que, ¿qué es lo que transforma una imposibilidad en una posibilidad, una posibilidad en una probabilidad y una probabilidad en un hecho?

Muy en lo profundo de su ser vive un pensamiento imposible. Un sueño que anhela llegar a ser realidad. Hay una misión dentro de usted que su Padre celestial ha puesto allí. Como usted sabe, Él se especializa en lo imposible. Esta es su especialidad por excelencia. Él puede hacer más de lo que pedimos o pensamos.

La vida puede ser un perpetuo bombardeo de «cosas» que llegan a nosotros, a nuestro lado y siguen su curso. El temor, la fe, los amigos, la envidia, el pasado, la codicia, el dar, el servir, los errores, el enojo, la paz, la indecisión y el amor requieren nuestro tiempo y demandan nuestra atención. Lo que pueden dejar es la impresión de que todo es imposible, o por lo menos muy difícil.

La buena noticia es que Dios quiere hacer más de lo que podemos imaginar. Él anhela tomar nuestras imposibilidades y cambiarlas a posibilidades. En este libro, quiero presentarle a usted el punto de vista de Dios sobre nuestra vida. Cuando un error hace que una situación sea imposible, Dios la puede cambiar. Cuando la preocupación nos quiere paralizar, Dios quiere traernos libertad. Cuando la confusión parece ser la única respuesta, Dios quiere iluminar Su sendero para nosotros.

Tal vez no hay verdad más grande que esta: «Para los hombres esto es imposible; mas para Dios todo es posible» (Mateo 19.26).

LA SEGURIDAD...
¡EN ÚLTIMO LUGAR!

DURANTE MUCHOS AÑOS, «*Primero la seguridad*, ha sido el lema de la raza humana... pero nunca ha sido el lema de los líderes. Un líder debe enfrentar el peligro. Él debe arriesgarse y recibe la culpa y el peso de la tormenta» (Herbert Casson). Si quiere tener éxito, usted o debe tener una oportunidad o tomar una oportunidad. No puede mantenerse a flote si nunca se arriesga.

Un sueño que no incluye riesgos no es digno de ser verdaderamente llamado un sueño. Lord Hallifax dijo:

> *El hombre que no se arriesga, va a hacer muy pocas cosas [mal], pero hará muy pocas cosas.*

Si nunca toma riesgos, nunca va a lograr cosas grandes. Todo el mundo muere, pero no todo el mundo ha vivido.

C. S. Lewis dijo:

> *El camino más seguro al infierno es un camino gradual; la cuesta no es muy empinada, se siente suave debajo de los pies, sin vueltas bruscas, y sin postes indicadores.*

Elizabeth Kenny reflexionó: «Es mejor ser un león durante un día que una oveja toda la vida». Si usted no se atreve a buscar algo, no puede esperar nada.

Si usted no arriesga nada, arriesga aún más. John Newman escribió: «El calcular los riesgos nunca hizo un héroe». Toda persona tiene una oportunidad de mejorarse a sí misma, pero algunas personas no creen en tomar riesgos. Estoy de acuerdo con Lois Platford, quien dijo: «Usted tiene toda la eternidad para ser cauteloso y entonces está muerto». El ser destinado para la grandeza requiere que tome riesgos y que enfrente grandes peligros.

Siempre va a errar cien por ciento de los tiros que no hace. Estos de acuerdo con John Stemmons:

Cuando sus posibilidades son pocas y ninguna... vaya con las pocas.

Morris West dijo: «Si usted pasa toda su vida adentro esperando las tormentas, nunca va a disfrutar de la luz del sol». Nadie llega a la cima si no enfrenta desafíos.

Escuche las palabras de Conrad Hilton:

Yo aliento la valentía porque el peligro de tener antigüedad en un trabajo y los planes de jubilación tientan a un hombre joven a quedarse en una rutina llamada seguridad más bien que buscar su propio arco iris.

Chuck Yeager afirmó: «Usted no se concentra en los riegos, se concentra en los resultados. Ningún riesgo es demasiado grande como para prevenir que se haga el trabajo necesario».

Cuando usted ve a una persona de éxito, le garantizo que él o ella tomó riesgos e hizo decisiones valientes. El éxito favorece a los valientes. El mundo es un libro en el cual los que no toman riesgos leen solamente una página. David Mahoney dijo: «Rehúsese a unirse a la multitud que busca las cosas seguras para no perder. Juegue para ganar».

Pietro Metastaisio dijo lo siguiente:

Todo logro noble lleva su propio riesgo; el que teme encontrar el último, no puede esperar obtener el primero.

Escuche a Tommy Barnett: «Mucha gente cree que usted está realmente caminando por fe cuando no hay riesgos, pero la verdad es que cuanto más tiempo usted camina con Dios... tanto más grande es el riesgo». Si usted nunca se ha encontrado en la vida temeroso, avergonzado, desilusionado o herido, quiere decir que nunca ha tomado riesgos.

David Viscot escribió: «Si su vida va a mejorar alguna vez, debe tomar riesgos. No hay manera de que crezca si no se arriesga». Usted tiene una oportunidad de mejorarse a sí mismo. Simplemente crea en correr riesgos.

SI DIOS ES SU PADRE,
POR FAVOR LLAME A SU CASA

LA ORACIÓN PROPORCIONA IMPULSO. Eleva el corazón sobre los desafíos de la vida y le permite echar un vistazo a los recursos divinos de victoria y esperanza. La oración da poder, equilibrio, paz y un propósito para el propósito de una persona, para sus planes y para sus anhelos. La energía más poderosa que alguien puede generar es la energía de la oración.

> *El diablo sonríe cuando hacemos planes.*
> *Se ríe cuando estamos demasiado ocupados.*
> *Pero tiembla cuando oramos.*
> —CORRIE TEN BOOM

> *Por nada estéis afanosos, sino sean conocidas vuestras peticiones delante de Dios en toda oración y ruego, con acción de gracias. Y la paz de Dios, que sobrepasa todo entendimiento, guardará vuestros corazones y vuestros pensamientos en Cristo Jesús.*
> —FILIPENSES 4.6-7

Si algo es merecedor de nuestra preocupación, ciertamente merece nuestra oración. Dios nunca está más lejos de usted que una oración. Cuando siente que sus pies no lo pueden sostener, arrodíllese.

Si pudiera escuchar a Cristo orando por mí en el cuarto del lado, no temería ni a un millón de enemigos. Sin embargo, la distancia no hace ninguna diferencia. Él está orando por mí.

–ROBERT MURRAY MCCHEYNE

El cielo está listo para recibirlo cuando usted ora. «Nunca es tiempo perdido el que se pasa en comunión con Dios» (Gordon Lindsay).

Tengo tanto que hacer hoy que debo pasar las primeras tres horas en oración.

–MARTÍN LUTERO

Las personas comunes y corrientes no oran, simplemente mendigan. Así que ore, no mendigue. Cuando oramos, nos unimos al poder inagotable de Dios y a su percepción. «Desear nunca va a ser un sustituto para la oración» (Edwin Louis Cole).

Recuerde que las oraciones no pueden ser contestadas hasta que no han sido oradas. «Todo lo que pidiereis orando, creed que lo recibiréis, y os vendrá» (Marcos 11.24).

Un día que ha sido cercado en oración es menos propenso a que se desmorone.

–ANÓNIMO

Cuando oramos, debemos colocarnos en forma simultánea en la posición de estar dispuestos a tomar la acción que Dios requiere como respuesta a nuestra oración, porque «la oración no es un monólogo, sino un diálogo; la voz de Dios en respuesta a mi voz es la parte más esencial» (Andrew Murray). Las oraciones que hace una persona de pie no son menos importantes que las que hace de rodillas.

La oración práctica hace más estragos en la suela de sus zapatos que en las rodillas de sus pantalones.

–OSTEN O'MALLEY

La acción más contundente que usted puede tomar en cualquier situación es arrodillarse y pedirle a Dios que lo ayude. El propósito máximo de la fe o la oración no es cambiar mis circunstancias sino cambiarme a mí. Ore para hacer la voluntad de Dios en todas las situaciones; no vale la pena orar por ninguna otra cosa.

> *No toque en el concierto y después afine sus instrumentos. Comience el día con Dios.*
> —JAMES HUDSON TAYLOR

Tal vez la oración no cambie todo para usted, pero de seguro que lo va a cambiar a usted para todo. La oración es la pausa que lo mantiene marchando. Dios es su Padre, por favor, llame a su casa.

EL TEMOR QUIERE QUE USTED HUYA DE ALGO QUE NO LO ESTÁ PERSIGUIENDO

EL GRAN EVANGELISTA BILLY SUNDAY dijo una vez:

El temor tocó a mi puerta. La fe contestó... y no había nadie allí.

Esa es la respuesta apropiada al temor. Los temores, al igual que los bebés, crecen cuando se los nutre. Benjamín Disraeli dijo: «Nada en la vida es más sorprendente que la ansiedad innecesaria que experimentamos y que por lo general nosotros mismos creamos». Debemos actuar a pesar del temor... no debido al temor. Si usted tiene miedo de *correr en el campo de fútbol, nunca va a lograr un gol.*

Lucy Montgomery dijo: «Sólo parece que usted está haciendo algo cuando se está preocupando». La preocupación no ayuda a los problemas de mañana, pero arruina la felicidad de hoy.

Un día de preocupación es mucho más extenuante que un día de trabajo.

–JOHN LUBBOCK

Cuando usted se preocupa por el futuro, muy pronto no habrá futuro por el que preocuparse. No importa lo mucho que una persona le tema al futuro, por lo general quiere estar allí para verlo. Desdichadamente, mucha más gente se preocupa por el futuro de la que se prepara para él.

Nunca busque problemas hasta que los problemas le den problemas a usted. Arthur Roche dijo:

La preocupación es una corriente pequeña de miedo que gotea en la mente. Si se la alienta, corta un canal por el cual todos los demás pensamientos son drenados.

La hermana Mary Tricky dijo lo siguiente: «El temor es fe que no dará resultado». En lugar de eso, haga lo que nos incita a hacer el pasaje de 1 Pedro 5.7.

Echando toda ansiedad sobre él (Dios), porque él tiene cuidado de vosotros.

Rob Gilbert aconseja: «Está bien sentir los nervios de punta. Pero no deje que eso lo domine».

El temor le impide que flexione su músculo que le permite tomar riesgos, así que considere esto: lo que usted teme acerca de mañana todavía no está aquí. George Porter advirtió: «Siempre estemos alerta de nuestra imaginación. Con mucha facilidad crea leones en nuestro camino. Y sufriremos mucho a menos que hagamos oídos sordos a sus cuentos y sugerencias».

La preocupación es como un cuarto oscuro, porque en un cuarto oscuro es donde se desarrollan los negativos. Si usted no puede dejar de preocuparse, recuerde que la preocupación tampoco puede ayudarlo. La preocupación es como una silla mecedora: lo mantiene en movimiento pero no lo lleva a ningún lugar. Un amigo me dijo: «No me digas que preocuparse no hace ningún bien. Lo sé muy bien. Las cosas por las cuales me preocupo nunca suceden».

Nada se arregla con preocuparse. Shakespeare escribió: «Nuestras dudas son traidores que nos hacen perder lo que a menudo podríamos ganar, al temer intentarlo».

Emanuel Celler dice: «No se arremangue los pantalones hasta que llegue al arroyo».

Si les seguimos la pista a la mayoría de nuestros temores lle-gamos a un temor del hombre. Sin embargo, la Biblia dice que «el temor del hombre pondrá lazo» (Proverbios 29.25).

> *Jehová es mi luz y mi salvación;*
> *¿de quién temeré?*
>
> —SALMO 27.1

> *En Dios he confiado; no temeré;*
> *¿qué puede hacerme el hombre?*
>
> —SALMO 56.4

La gente se preocuparía menos acerca de lo que otras perso-nas piensan de ellos si se dieran cuenta de que muy pocas veces lo hacen. La gente no está pensando en usted; se están pregun-tando qué piensa usted de ellos.

El temor le impide ir a donde podría haber ganado. No deje que sus temores le roben y que le impidan perseguir su sueño. La mayoría de la gente cree en sus dudas y duda lo que cree. Así que haga lo que dice el antiguo adagio: «Alimente su fe y obser-ve cómo sus dudas se mueren de hambre». La preocupación es una ruta que lo lleva de algún lugar a ningún lugar; nunca per-mita que dirija su vida. Temer al futuro es malgastar el presente. No tema al día de mañana... ¡Dios ya está allí!

> *Nunca tenga temor de confiar un futuro desconocido*
> *a un Dios conocido.*
>
> —CORRIE TEN BOOM

Un famoso poeta lo dijo mejor:

> *Le dijo el petirrojo al gorrión:*
> *Mucho me gustaría saber*
> *Por qué estos ansiosos seres humanos*
> *Andan con tanta prisa y se preocupan tanto.*

Le dijo el gorrión al petirrojo:
Yo creo que debe ser
Porque no tienen un Padre celestial
Que los cuida como a ti y a mí.

Levántese una vez más
de las que ha caído

¿HA FRACASADO ALGUNA VEZ o ha cometido errores? Bien, entonces esta pepita de oro es para usted. El hecho de que ha fracaso es prueba de que usted no ha sido derrotado. Los fracasos y los errores pueden ser un puente al éxito, no una barricada.

El Salmo 37.23-24 dice:

Por Jehová son ordenados los pasos del hombre, y él aprueba su camino. Cuando el hombre cayere, no quedará postrado, porque Jehová sostiene su mano.

El fracaso puede parecer un hecho, pero es solamente una opinión. Las personas de éxito creen que los fracasos son simplemente «información que recibimos para aprender». No es lo profundo que usted cae sino lo alto que rebota lo que hace toda la diferencia.

Theodore Roosevelt dijo:

Es mucho mejor atreverse a lograr cosas grandes, ganar triunfos gloriosos, aunque puedan estar salpicados de fracaso, que ser contado entre aquellos espíritus simples que ni disfrutan mucho ni sufren mucho porque viven en el crepúsculo que no conoce ni la victoria ni la derrota.

Una de las cosas más riesgosas que usted puede hacer en la vida es tomar demasiadas precauciones y nunca tener fracasos ni cometer errores. El fracaso es la oportunidad de comenzar de nuevo con más inteligencia.

Nunca nadie ha obtenido verdadero éxito sin haber estado alguna vez tambaleándose al borde del desastre. Si usted ha tratado de hacer algo y ha fracasado, está en una posición mucho mejor que si no ha tratado de hacer nada y ha tenido éxito. La persona que nunca comete un error debe cansarse mucho de no hacer nada. Si usted no está cometiendo errores, no está corriendo suficientes riesgos.

Vernon Sanders dice lo siguiente:

La experiencia es una maestra difícil porque da primero el examen y después enseña la lección.

La experiencia es lo que usted recibe cuando está buscando algo más.

El éxito consiste en levantarse una vez más de las que ha caído. Así que levántese y siga adelante.

«Usted no se ahoga porque se cae en el agua, se ahoga porque se queda allí», dice el autor Ed Cole.

Proverbios 28.13 (La Biblia al Día) nos recuerda:

El hombre que se niega a reconocer sus errores jamás podrá triunfar; pero si los confiesa y los corrige, tendrá una nueva oportunidad.

La muerte de su sueño no ocurrirá debido a un fracaso; la muerte vendrá de la indiferencia y la apatía. La mejor manera de seguir después de un fracaso es aprender la lección y olvidar los detalles. Si no lo hace, va a ser como un perro que le tiene miedo al agua caliente por que lo han quemado con agua hirviendo, pero ahora también le tiene miedo al agua fría.

El fracaso se puede convertir en un peso, o puede darle alas. La única manera de recuperarse es seguir adelante. Si la verdad fuera conocida, noventa y nueve por ciento del éxito se construye sobre un fracaso anterior. Un error por lo general prueba que alguien dejó de hablar el tiempo suficiente como para hacer algo. Usted es como una bolsita de té: no sirve para mucho hasta que ha pasado por el agua caliente.

Recuerde el viejo poema:

> *El éxito es el fracaso dado vuelta,*
> *el color plateado sobre las nubes de dudas.*
> *Y usted nunca puede decir cuán cerca está;*
> *tal vez esté cerca cuando parece muy lejos.*
> *Así que no deje la pelea cuando más ha sufrido;*
> *es cuando las cosas parecen peores*
> *que usted no debe rendirse.*
>
> —AUTOR DESCONOCIDO

AUN LAS ESTAMPILLAS PIERDEN SU USO CUANDO SE PEGAN LAS UNAS CON LAS OTRAS

SI USTED SE PREOCUPA SÓLO POR SÍ MISMO, ¡tenga cuidado! Wesley Huber dijo: «No hay nada más muerto que un hombre centrado en sí mismo; un hombre que considera que ha alcanzado el éxito por sí mismo y que se mide mirándose a sí mismo estándo conforme con los resultados». ¿Es «yo» su palabra favorita? Escuche lo siguiente:

> *El centro del pecado es «el yo»; no importa de que manera usted quiera deletrearlo.*
>
> –ED COLE

La única razón por la cual el orgullo lo eleva, es para dejarlo caer.

Hace algún tiempo contesté el teléfono y la voz del otro lado de la línea dijo: «¡Pum! ¡Estás muerto!» Hice una pausa. No supe que pensar al respecto. Entonces escuché la voz familiar de James Campbell, uno de mis clientes, que me dijo: «John, te estaba llamando para recordarte que necesitamos morir a nosotros mismos todos los días».

Eso es verdad. Siempre hay lugar en la cumbre para cualquier persona que esté dispuesta a decir: «Voy a servir», y que lo dice con sinceridad. Hace varios años estaba escuchando a Zig Ziglar, cuya presentación incluyó las palabras:

Siempre tendrá en la vida todo lo que quiere si ayuda a mucha gente a conseguir lo que ellos quieren.

Cuando escuché esto, se me encendió la lamparita. Tomé una decisión consciente de incorporar ese concepto a mi vida. Ha hecho una diferencia enorme.

El verdadero liderazgo siempre comienza con el servicio, mientras que el egoísmo siempre termina en autodestrucción. John Ruskin dijo:

Cuando un hombre está completamente envuelto en sí mismo, el paquete es bastante chico.

Ser un siervo no es siempre lo más natural de hacer. Estamos condicionados a pensar en nosotros mismos. Es por eso que noventa y siete por ciento de las personas escriben su nombre cuando le dan para probar un nuevo bolígrafo. A pesar de nuestra tendencia de promovernos a nosotros mismos, siempre es verdad que se logra más cuando a nadie le importa quién recibe el crédito.

Dios siempre nos ha llamado a que sirvamos a aquellos que dirigimos. Esté dispuesto a servir sin tratar de cosechar los beneficios. Antes de buscar una forma de recibir, busque una forma de dar. Nadie es realmente una persona exitosa en la vida hasta que haya aprendido a servir. El viejo refrán es cierto:

El camino al trono es a través de los aposentos de los sirvientes.

Una de las decisiones más poderosas que puede tomar en su vida es hacer algo por alguien que no tiene ni el poder ni los recursos para devolverle el favor. En Mateo 23.11, nuestro Señor nos dice: «El que es el mayor de vosotros, sea vuestro siervo». Y en Mateo 20.26-27, Jesús dice:

El que quiera hacerse grande entre vosotros será vuestro servidor, y el que quiera ser el primero entre vosotros será vuestro siervo.

Cuando usted da de sí mismo para ayudar a otras personas, recibe una recompensa abundante. Norman Vincent Peale dijo lo siguiente: «El hombre que vive para sí mismo es un fracasado. Aun si gana muchas riquezas, poder o posición, todavía es un fracasado». El engreimiento nos hace necios:

> *¿Has visto hombre sabio en su propia opinión? Más esperanza hay del necio que de él.*
>
> –Proverbios 26.12

El hombre que no cree en nada más que en sí mismo, vive en un mundo muy pequeño. La mejor manera de ser feliz es olvidarse de sí mismo y enfocarse en otras personas. Henry Courtney dijo:

> *Cuanto más engreído es un hombre, tanto más fácil es reemplazarlo.*

Lo que una persona orgullosa prueba es que hay mucho espacio para hacer progresos.

«Las lupas más grandes del mundo son los propios ojos de un hombre cuando mira a su propia persona» (Alexander Pope). El egoísmo es la única enfermedad en la cual el paciente se siente bien mientras hace que todos a su alrededor se sientan enfermos. El egoísmo florece pero no produce ningún fruto. Los que se cantan sus propias alabanzas muy pocas veces reciben un «bis». Charles Elliot dice:

> *No piense demasiado en usted mismo. Trate de cultivar el hábito de pensar en los demás; esto lo recompensará. El egoísmo siempre trae su propia venganza.*

Cuando observa sus propios logros, la persona arrogante a menudo no ve a Dios porque no puede ver lo que Él está haciendo. Rick Renner dijo: «No pase por alto el plan de Dios concentrándose en usted mismo».

Cuando usted se cree superior, lo mejor es enfrentar la realidad. Usted no se puede impulsar hacia delante dándose palmaditas en la espalda. Burton Hillis dijo: «Es bueno creer en nosotros mismos, pero no debemos dejarnos convencer con demasiada facilidad". El mejor amigo de un egoísta es él mismo. El hombre que está profundamente enamorado de sí mismo debería divorciarse.

Otro poeta famoso describe esto muy bien:

Cuando hace mucho calor y hay muchas moscas,
*   Use el sentido común; coopere.*
Esta es una verdad que todos los caballos saben;
*   la aprendieron hace muchos siglos.*
Una sola cola en la parte de atrás
*   no puede alcanzar la mosca detrás de la oreja.*
Pero dos colas cuando están colocadas en
*   forma apropiada*
*   pueden hacer el trabajo, tanto adelante*
*   como atrás.*

Las personas que se jactan de haber logrado todo por esfuerzo propio por lo general no perciben bien la realidad. Usted puede reconocer a un hombre que dice haber logrado todo él solo: tiene la cabeza muy grande y los brazos son tan largos como para poderse dar palmaditas en su propia espalda. Una persona engreída nunca llega a ningún lado porque cree que ya ha llegado. Cambie su forma de hablar de «yo» a «usted» o «tú».

BÁJESE DE LAS GRADAS
AL CAMPO DE JUEGO

USTED NO PUEDE LLEGAR A SU DESTINO con una teoría... ¡requiere *trabajo*! Ninguno de los secretos del éxito van a trabajar a menos que usted trabaje. Usted fue creado para la acción. Lo que el sistema de la *empresa libre* significa es que cuanto más emprendedor es usted, tanto más libre es. Lo que todos nosotros necesitamos es menos énfasis en ser *libre* y más en ser *emprendedor*.

Escuche a Shakespeare: «Nada puede salir de la nada». Una creencia no tiene valor alguno a menos que se convierta en acción. La Biblia, un libro de fe, habla acerca del trabajo más de quinientas veces. A menudo, la simple respuesta a sus problemas es: *póngase a trabajar.*

> *Luchar para tener éxito sin trabajar duro es como tratar de cosechar donde no se ha plantado.*
> –DAVID BLY

Lo que usted cree no cuenta mucho a menos que cause que despierte de su sueño y comience a trabajar. No puede simplemente soñar en lo que podría ser. La única vez que una persona perezosa tiene éxito es cuando trata de no hacer nada. Un viejo adagio lo dice muy bien: «La pereza viaja a tan poca velocidad que la pobreza muy pronto la alcanza».

Cuando es perezoso, debe trabajar el doble. Siempre es un tiempo de «estar tratando» para el que trata de obtener algo sin hacer nada. ¿Se ha dado cuenta? No nos dieron jugo de manzana, nos dieron manzanas. Algunos dicen *nada* es imposible y sin embargo hay mucha gente haciendo *nada* todos los días.

Algunas personas hacen las cosas, mientras que hay otras que se convierten en expertas en cómo deberían hacerse las cosas. El mundo está dividido entre gente que hace las cosas y gente que habla acerca de hacer las cosas. Asegúrese de pertenecer al primer grupo, porque allí hay menos competencia.

«Todos los hombres son iguales en cuanto a sus promesas. Es solo en sus hechos que son diferentes» (Molière). Desear nunca ha hecho que un hombre pobre sea rico. Robert Half lo dice con precisión:

> *La pereza es el ingrediente secreto que va en el fracaso,*
> *pero sólo se mantiene secreto para la persona que fracasa.*

La fe que mueve montañas siempre lleva una pala. El elevarse por encima de la mediocridad nunca sucede porque sí; siempre es el resultado de la fe combinada con las obras.

La fe sin las obras es como el oro que se encuentra dentro de la tierra: no tiene valor alguno hasta que es extraído de allí. Una persona que tiene fe pero que no la pone en acción es como un ave que tiene alas pero no tiene patas. Santiago 2.17 dice: «Así también la fe, si no tiene obras, es muerta en sí misma».

Los principios bíblicos multiplicados por cero igualan a cero.

Es preciso que seamos personas que ponen la fe en acción. Un individuo con fe y acción constituye una mayoría. No espere que le llegue el barco, nade para encontrarlo. El que mejor lo dijo fue Thomas Edison:

> *La mayor parte de la gente pierde la oportunidad*
> *porque ésta se encuentra vestida con ropa de trabajo y*
> *se ve como trabajo.*

La verdadera fe tiene manos y pies, y toma acción. No es suficiente *saber que sabe*. Es más importante *mostrar que sabe*.

Para decirlo con más precisión, las palabras que se usan para «trabajo» aparecen 564 veces en la Biblia; por lo tanto, el trabajo es un concepto bíblico. Cuando la fe y el trabajo operan juntos, el resultado es una obra de arte. Deberíamos decidir mantener la fe trabajando todo el tiempo. George Bernard Shaw reflexionó:

> *Cuando era joven, observé que de cada diez cosas que hacía, fracasaba en nueve. Así que trabajé diez veces más.*

Kemmons Wilson, el fundador de la cadena de hoteles *Holiday Inn*, les respondió a los que le preguntaron cómo había llegado a tener tanto éxito con estas palabras: «En realidad no sé por qué estoy aquí. Nunca he obtenido ningún título y sólo he trabajado medio día durante toda mi vida. Creo que mi consejo es hacer lo mismo, trabaje medio día todos los días. Y en realidad no importa cuál mitad, si las primeras doce horas o las segundas doce horas».

Extraiga del poder que se produce cuando la fe se mezcla con la acción y luego observe a Dios moverse en su situación.

Dígase a sí mismo:

> *Las inspiraciones nunca se prestan para compromisos largos; demandan un matrimonio inmediato con la acción.*
> —BRENDAN FRANCIS

Si la verdad fuera dicha, muchos de nuestros problemas se suscitan por estar holgazaneando cuando deberíamos estar trabajando y por estar hablando cuando deberíamos estar escuchando.

> *Hay un hombre en el mundo*
> > *Que nunca es despreciado,*
> *Donde quiera que vaya,*
> > *Siempre es bien recibido en el pueblo,*
> *O donde los granjeros sacan la paja;*
> > *Lo saludan con placer en los arenosos desiertos,*
> *Y en la profundidad de los bosques;*
> > *Dondequiera que vaya lo reciben con agrado:*
> *Es el hombre que cumple con sus obligaciones.*
> —WALT WHITMAN

SUS MEJORES AMIGOS SON LOS QUE HACEN QUE USTED MUESTRE SUS MEJORES CUALIDADES

DÍGAME QUIÉNES SON SUS AMIGOS y le diré quién es usted. Si usted se junta con zorros, va a aprender a gruñir, pero si se asocia con águilas, va a aprender a volar muy alto. Proverbios 27.19 dice: «El espejo refleja el rostro del hombre, pero su verdadero carácter se demuestra por los amigos que escoge» (La Biblia al Día). La simple realidad es que usted llega a ser como las personas con las cuales se asocia íntimamente, para el bien y para el mal. Piense en esto: casi todos nuestros dolores se originan de las relaciones con la clase equivocada de personas. En cambio:

Manténgase lejos de la succión causada por los que marchan hacia atrás.

—E. K. PIPER

Cuanto menos usted se asocie con ciertas personas, tanto más va a mejorar su vida. Cada vez que usted consiente la mediocridad en otras personas aumenta su mediocridad. Un proverbio búlgaro dice: «Si usted se encuentra dando dos pasos hacia delante y uno hacia atrás, invariablemente es porque tiene asociaciones mixtas en su vida». Si una persona haragana no le molesta, es una señal de que usted es un poco haragán. He descubierto que un atributo importante en las personas de éxito es que son impacientes con la gente que piensa y actúa en forma negativa. La desdicha busca su compañía, pero usted no tiene que dejarla entrar. Proverbios 13.20 nos dice:

El que anda con sabios, sabio será; mas el que se junta con necios será quebrantado.

Llegamos a ser como las personas con las cuales nos asociamos. Debemos ser cuidadosos de la clase de aislamiento que usamos en nuestras vidas. Debemos aislarnos de personas negativas y de ideas negativas, pero nunca deberíamos aislarnos del consejo piadoso y de la sabiduría.

Hace unos años me encontré con que estaba en un punto de estancamiento en mi vida: No estaba siendo productivo y no podía ver la dirección de Dios con claridad. Un día, me di cuenta de que casi todos mis amigos estaban en la misma situación. Cuando nos reuníamos, hablábamos de nuestros problemas. Cuando oré en cuanto a este asunto, Dios me mostró que necesitaba personas «que tuvieran buenos cimientos» en mi vida. Esas personas hacen resaltar lo mejor en nosotros y ejercen influencia en nuestra vida para que mejoremos. Causan que tengamos más fe y confianza, y que veamos las cosas desde la perspectiva de Dios. Después de estar con estas personas, nuestro espíritu y nuestra visión se elevan.

El Señor me mostró que debía cambiar mis amistades más cercanas y que necesitaba estar en contacto con otro tipo de personas en una forma regular. Estos eran hombres de fe fuerte, personas que hacían que yo fuera una persona mejor cuanto estaba con ellos. Fueron los que vieron los dones en mí y que me podían corregir de una forma constructiva y con amor. Mi elección de cambiar mis asociaciones más cercanas fue un momento decisivo en mi vida.

He encontrado que es mejor estar solo que mal acompañado. Una sola conversación con la persona correcta puede ser de más valor que años de estudio.

Cuando usted se rodea de la clase correcta de personas, entra en el poder ordenado por el Dios de los acuerdos. Eclesiastés 4.9-10, 12 dice:

Mejores son dos que uno; porque tienen mejor paga de su trabajo. Porque si cayeren, el uno levantará a su compañero; pero ¡ay del solo! que cuando cayere, no habrá segundo que lo levante... Y si alguno prevaleciere contra uno, dos le resistirán; y cordón de tres dobleces no se rompe pronto.

Manténgase alejado de los expertos en pensar negativamente. Recuerde: a los ojos de la gente promedio, el promedio es considerado notable. Mire con detenimiento a sus asociados más cercanos pues es una indicación de la dirección en que usted está yendo.

No hay nada en el medio del camino sino líneas amarillas y armadillos muertos

–James Hightower

«MI DECISIÓN ES TAL VEZ; y es una decisión final». ¿Lo representa eso a usted? Ser decidido es esencial para una vida exitosa. Si usted se niega a comprometerse, ¿qué va a hacer con su vida? Todos los logros, los grandes y los pequeños, comienzan con una decisión.

La elección, y no la casualidad, determina su destino. Usted no puede darle un batazo a la pelota si su bate está apoyado en su hombro. Nunca se ha hecho nada grande sin haber tomado una decisión. Demasiadas personas van a través de la vida sin saber lo que quieren pero con el sentimiento de que no lo tienen. Herbert Prochnow dijo: «Hay un tiempo en el cual debemos escoger con firmeza el curso que seguiremos, o el implacable flujo de los acontecimientos tomará la decisión por nosotros».

A menudo la gente es como las carretillas, los remolques o las canoas: deben ser empujadas, haladas o remadas. Usted o está moviendo a otras personas para que tomen decisiones, o ellas lo están moviendo a usted. Decida hacer algo ahora para mejorar *su* vida. La elección le corresponde a usted.

David Ambrose dijo lo siguiente:

Si tiene la voluntad para ganar, ha alcanzado la mitad de su éxito, si no la tiene, ha alcanzado la mitad de su fracaso.

Lou Holtz dijo:

Si usted no hace un compromiso total con lo que sea que esté haciendo, entonces comenzará a querer irse en cuanto el bote comienza a hacer agua. Es lo suficientemente difícil traer el bote a la orilla cuando todos están remando y mucho más cuando una persona se pone de pie y comienza a ponerse el chaleco salvavidas.

En el momento en que usted hace un compromiso, Dios comienza a moverse también. Toda clase de cosas suceden para ayudarlo que no hubieran sucedido de otro modo. Edgar Roberts dijo: «Cada mente humana es un gran poder dormido hasta que es despertada por un agudo deseo y una resolución definida de hacer». Kenneth Blanchard hizo la siguiente observación:

Hay una diferencia entre el interés y el compromiso. Cuando usted está interesado en hacer algo, solamente lo hace cuando es conveniente. Cuando usted está comprometido con algo, no acepta excusas, solo resultados.

La falta de decisión ha causado más fracasos que la falta de inteligencia o habilidad.

Maurice Witzer dijo: «Muy pocas veces se obtiene lo que se persigue a menos que se sepa lo que se quiere». La indecisión a menudo le da una ventaja a la otra persona porque él o ella pensó de antemano. Helen Keller dijo:

La ciencia puede haber encontrado la cura para la mayor parte de los males; pero no ha encontrado remedio para el peor de todos: la apatía de los seres humanos.

Las palabras de aliento de Josué fueron: «Escogeos hoy a quién sirváis» (Josué 24.15). No deje para mañana una decisión que debe hacer hoy.

Bertrand Russell dijo: «Nada es tan extenuante como la indecisión y nada es tan inútil». De igual manera, Joseph Newton dijo estas palabras:

No lo que tenemos, sino lo que usamos,
no lo que vemos, sino lo que escogemos,
estas son las cosas que dañan o bendicen la
  felicidad humana.

Recuerde, no sea una persona que camina por el medio del camino, porque el medio del camino es el peor lugar para tratar de avanzar. Como dijera James Hightower: «No hay nada en el medio del camino sino líneas amarillas y armadillos muertos». Usted puede hacer todo lo que debería hacer, una vez que ha tomado una decisión. Decida hoy seguir su sueño.

No hay futuro
en el pasado

SI MIRA DEMASIADO HACIA ATRÁS, muy pronto va a estar marchando en esa dirección. Mike Murdock dijo: «Deje de mirar hacia dónde estado y comience a mirar hacia donde puede estar». Su destino y su llamado en la vida siempre es hacia delante, nunca hacia atrás. Katherine Mansfield dio este consejo:

> *Haga una regla para su vida nunca lamentarse y nunca mirar hacia atrás. Eso es una pérdida lamentable de energía. No se puede construir sobre eso. Para lo único que sirve es para estancarse.*

Considere las palabras del apóstol Pablo:

> *Olvidando ciertamente lo que queda atrás, y extendiéndome a lo que está adelante, prosigo a la meta, al premio del supremo llamamiento de Dios en Cristo Jesús.*
>
> –FILIPENSES 3.13-14

Es más probable que cometa errores cuando actúa solamente basado en experiencias pasadas. No pueden existir pensamientos color de rosa sobre el futuro cuando usted tiene la mente llena de pensamientos tristes del pasado.

Un granjero dijo una vez que su mula retrocedía cuando trataba de ir hacia delante y esto es verdad de mucha gente hoy. ¿Retrocede usted cuando trata de ir hacia delante? Phillip Raskin dijo: «El hombre que malgasta hoy lamentándose sobre ayer va a malgastar mañana lamentándose sobre hoy». Aplaste el insecto llamado «los buenos días del pasado».

El pasado siempre va a ser de la forma que fue. Deje de tratar de cambiarlo. Su futuro contiene más felicidad que cualquier cosa del pasado que usted recuerde. Crea que lo mejor todavía no ha sucedido.

Aunque nadie puede retroceder y hacer un comienzo completamente nuevo, cualquier persona puede comenzar ahora y hacer un final completamente nuevo.

–CARL BARD

Considere lo que dijo Oscar Wilde:

Ningún hombre es lo suficientemente rico como para comprar su pasado.

Fíjese en lo que dijo W. R. Ing: «Los acontecimientos del pasado se pueden dividir a grandes rasgos en aquellos que probablemente nunca sucedieron y aquellos que no tienen importancia». Cuanto más usted mire hacia atrás, menos avanzará. Thomas Jefferson estaba en lo cierto cuando dijo: «Me gustan más los sueños del futuro que la historia del pasado». Muchos de los que viven en el pasado viven en la reputación de su reputación.

Hubert Humphrey reflexionó:

Los buenos días del pasado nunca fueron tan buenos, créanme. Los buenos días son hoy y días mejores llegarán mañana. Nuestras canciones más hermosas todavía no han sido cantadas.

Cuando usted está deprimido encontrará que es porque está viviendo en el pasado. ¿Cuál es un signo seguro de estancamiento en su vida? Cuando usted vive en el pasado a expensas del futuro, deja de crecer y comienza a morir. Fíjese en las palabras de Eclesiastés 7.10:

Nunca digas: ¿Cuál es la causa de que los tiempos pasados fueron mejores que estos? Porque nunca preguntarás con sabiduría sobre esto.

Estoy de acuerdo con el consejo de Laura Palmer: «No malgaste hoy lamentándose por ayer en lugar de estar haciendo recuerdos para mañana». David McNally nos recuerda: «Su pasado no puede ser cambiado, pero usted puede cambiar su mañana por las acciones de hoy». Nunca deje que ayer use demasiado de hoy. Es verdad lo que dijo Satchel Paige: «No mire hacia atrás. Algo puede estar alcanzándole».

«Vivir en el pasado es un asunto aburrido y solitario; mirar hacia atrás le tensa los músculos del cuello, haciendo que tropiece con la gente que no se dirige en la misma dirección que usted» (Edna Ferber). La primera regla para la felicidad es evitar pensar demasiado en el pasado. Nada está más lejos que lo que ocurrió hace una hora. Charles Kettering agregó:

Usted no puede tener un mañana mejor si está pensando en ayer todo el tiempo.

Su pasado no se iguala a su futuro.

ACTUAR CON DILACIÓN ES EL FERTILIZANTE QUE HACE QUE CREZCAN LAS DIFICULTADES

FORMÚLESE ESTA PREGUNTA: «SI NO ACTÚO AHORA, ¿qué me va a costar al final?» Cuando una persona que pospone las cosas finalmente toma una decisión, por lo general la oportunidad ya ha pasado. Edwin Markum dijo:

Cuando el deber llega tocando a su puerta,
Dele la bienvenida; porque si lo hace esperar,
Se va a ir sólo para regresar una vez más
Y va a traer a su puerta otros siete deberes.

Lo que deja para mañana, es posible que mañana lo deje para pasado mañana. El éxito le llega al hombre que hace hoy lo que otros están pensando hacer mañana. Cuanto más perezoso sea un hombre, tanto más va a dejar para hacer al día siguiente.

Todos los problemas llegan a ser más pequeños si no los evita y los confronta. Si usted toca un cardo en forma tímida, lo va a pinchar; si lo agarra con valentía, sus espinas se desintegran.

–WILLIAM HALSEY

Cuando usted pierde tiempo, pierde la vida. Miguel de Cervantes reflexionó: «Por la calle de a la larga uno llega a la casa del nunca». Una persona perezosa no pasa por la vida; es empujada a través de la vida. «El hombre sabio hace enseguida lo que el necio hace finalmente» (Balthasar Gracian).

Ningún día de la semana se llama «algún día». No hacer nada es el trabajo que más cansa del mundo. Cuando usted no comienza, sus dificultades no van a parar. Enfrente cualquier dificultad que tenga ahora, cuanto más espere, tanto más grande va a ser. Las personas que posponen las cosas nunca tienen problemas pequeños porque siempre esperan hasta que sus problemas son más grandes.

En el juego de la vida nada tiene menor importancia que el resultado a mitad de juego.

La tragedia de la vida no es que un hombre pierda, sino que casi gane.

–HAYWOOD BROUN

¡No se vaya antes que ocurra el milagro! Robert Louis Stevenson comentó que «los santos son pecadores que continuaron adelante». La carrera no siempre la ganan los más veloces, sino aquellos que siguen corriendo. Algunas personas esperan tanto que el futuro se les va antes que lleguen allí.

El primer paso para vencer el posponer las cosas es eliminar todas las excusas para no entrar en acción. ¡El segundo paso es no estar tan ocupado! Todo el mundo está siempre en movimiento. La gente se mueve hacia delante, hacia atrás y a veces hacia ningún lugar específico, como si estuvieran en un aparato de gimnasia para caminar en el lugar. El error que comete la mayor parte de la gente es creer que la meta principal de la vida es mantenerse ocupado. Eso es una trampa. Lo que es importante no es si usted está ocupado sino si está progresando; la pregunta es de actividad en oposición al logro.

Un señor llamado John Henry Fabre llevó a cabo un experimento con orugas procesionarias, que se llaman así porque tienen el hábito de seguirse unas a las otras ciegamente sin importar cómo estén alineadas o adónde van. En su investigación, Fabre colocó a estas pequeñísimas criaturas en un círculo. Durante veinticuatro horas, las orugas se siguieron unas a las otras alrededor, alrededor y alrededor. A continuación, Fabre colocó a las orugas en un platillo lleno de semillas de pino (que es su comida favorita). Durante seis días, las absurdas criaturas se movieron alrededor del platillo, muriendo de hambre y de extenuación aun cuando tenían abundancia de su comida favorita a menos de cinco centímetros de distancia. Las orugas fueron extremadamente activas, pero no estaban logrando nada.

Nosotros deberíamos ser conocidos como personas que logran grandes cosas para Dios; no como aquellos que simplemente hablan de ello. Los que posponen hacer las cosas son muy buenos para hablar, pero no para hacer. Mark Twain dijo:

> *El ruido no produce nada. A menudo una gallina que acaba de poner un simple huevo cacarea como si hubiera puesto un asteroide.*

Nosotros debemos ser como los apóstoles. Estos hombres no son conocidos por sus políticas, procedimientos, teorías o excusas, sino por sus hechos. Mucha gente dice estar esperando a Dios, pero en la mayoría de los casos Dios los está esperando a ellos. Junto al salmista debemos decir: «[Señor] en tu mano están mis tiempos» (Salmo 31.15).

El costo del crecimiento es siempre menor al costo del estancamiento. Como advirtiera Edmund Burke:

> *La única cosa necesaria para que triunfe el mal es que los hombres buenos no hagan nada.*

A veces tal vez usted vea a alguien que no hace nada aunque parece tener éxito en la vida. No se deje engañar. Recuerde el viejo adagio: «Aun un reloj roto tiene la hora exacta dos veces al día».

La mayor parte de la gente que no hace nada esperando que llegue el tiempo de las vacas gordas a menudo sienten que es un trabajo arduo. Las cosas que le llegan a un hombre que espera, pocas veces son las cosas que estaba esperando. El trabajo más arduo del mundo es el que debería haber sido hecho ayer. El trabajo arduo por lo general es una acumulación de cosas que deberían de haber sido hechas la semana pasada.

Sir Josiah Stamp dijo: «Es fácil esquivar nuestras responsabilidades, pero no podemos esquivar las consecuencias de esquivar nuestras responsabilidades». William James reflexionó: «Nada causa tanta fatiga como tener un trabajo eternamente pendiente sobre nosotros». Cuando la gente demora la acción hasta que todos los factores son perfectos, no hace nada. Jimmy Lyons dijo: «Mañana es el único día del año que le atrae a un hombre perezoso».

El posponer las cosas es la tumba en la cual está enterrada la oportunidad. Cualquiera que hace alarde de las cosas que va a hacer mañana, es probable que haya hecho lo mismo ayer. Pocas cosas son más peligrosas para el carácter de una persona que no tener nada que hacer y bastante tiempo en el cual hacerlo. Matar tiempo no es un asesinato, es un suicidio. Dos cosas les roban a las personas la paz mental: el trabajo que no ha sido terminado y el trabajo que no ha sido comenzado todavía.

La Biblia no le promete pan al haragán:

> *Un hombre que no tiene nada que hacer, hace una «labor» más intensa que ninguna otra forma de trabajo. Pero al que le tengo más lástima es al que evita un trabajo que sabe que debería hacer. Es un vago y oh, ¡qué castigo recibe de sí mismo!*
>
> –E. R. Collcord

Labre un futuro; no vaya gastando poco a poco el tiempo.

SALGA DE DELANTE DE SU PROPIO CAMINO

HE AQUÍ LA PRIMERA REGLA PARA GANAR: no se derrote a sí mismo. Su enemigo más grande es usted mismo. ¿Se ha sentido alguna vez como Dwight L. Moody cuando dijo: «Nunca he conocido a ningún hombre que me haya dado tanto problema como yo mismo»? La primera y la mejor victoria es conquistarse a sí mismo.

Muy a menudo se necesita un cambio interior mucho más de lo que se necesita un cambio de lugar. He aquí un buen consejo: solamente usted puede impedirse avanzar; solamente usted puede estar delante de su propio camino. Nadie lo puede detener sino usted mismo.

Respóndale a su crítico interno: «Si quieres remover tu obstáculo más grande, reconoce que tu obstáculo eres tú mismo y que el momento de actuar es ahora» (Nido Cubein).

Usted debe comenzar a pensar sobre sí mismo como la persona que quiere llegar a ser.

Dele al hombre que le gustaría llegar a ser una mirada al hombre que es.

—EDGAR GUEST

Cambie lo que se dice a sí mismo, porque «nadie sabe lo suficiente como para ser un pesimista» (Norman Cousins).

Recuerde: «Una de las cosas mejores en cuanto a los problemas es que muchos de ellos sólo existen en nuestra imaginación» (Steve Allen). El temor que usted teme está solamente en sí mismo y en ningún otro lugar.

Las batallas más importantes que enfrentamos serán peleadas internamente. Dentro de nosotros hay dos fuerzas que pelean entre sí. Una de ellas dice: «No puedes», mientras que la otra dice: «Con Dios, sí puedes». Aliéntese con este hecho que se encuentra en el libro de Mateo: «Para Dios todo es posible».

«No es la montaña lo que conquistamos sino nosotros mismos» (Sir Edmund Hillary). El problema básico que tiene la mayoría de las personas es que no están haciendo nada para resolver sus problemas básicos, por lo cual hacen un caso contra sí mismas; son sus propios peores enemigos.

Lo que somos, bueno y malo, es lo que hemos pensado y creído. Por lo tanto, no ponga agua dentro de su propio bote; la tormenta va a poner suficiente agua por sí misma. No invente miles de razones por las cuales no puede hacer lo que quiere hacer; encuentre una razón por la cual puede hacerlo. Es más fácil hacer todas las cosas que debería hacer que pasar el resto de la vida deseando haberlas hecho.

Mentimos en voz más alta cuando nos mentimos a nosotros mismos. «Usted no puede actuar en forma consecuente de una manera que es inconsecuente con la forma en que se ve a sí mismo», dice Zig Ziglar. Tome la determinación de multiplicar su compromiso, dividir sus distracciones, quitar sus excusas y aumentar su fe. La primera victoria clave que debe ganar es sobre usted mismo: «Salga de delante de su propio camino» (David Blunt).

Sonreír beneficia
su apariencia

HAY UN EMBELLECIMIENTO INSTANTÁNEO que puede realizar en usted mismo que tiene la garantía de mejorar su apariencia. Se llama sonrisa. La risa es como cambiarle el pañal a un bebé, resuelve un problema y hace que las cosas sean más aceptables por un tiempo. ¡Alégrese! Un dentista es la única persona que se supone que debe mirar hacia abajo en la boca. Robert Frost observó:

La felicidad hace en intensidad
lo que le falta en duración.

Abraham Lincoln dijo: «La mayoría de las personas son tan felices como deciden serlo». El peor día que usted puede tener es el día en que no ha reído.

El optimista ríe para olvidar; el pesimista se olvida de reír. Es mejor que de vez en cuando se ría de sí mismo: todos los demás lo hacen. La risa es el único remedio que no necesita una receta, no tiene un sabor desagradable y no le cuesta nada.

Una sonrisa es algo que usted hace por una persona y siempre da en el blanco. Una sonrisa es algo que produce buen resultado, pero usted es el que la tiene que dar. Su mundo se va a ver más brillante desde atrás de una sonrisa.

Henry Ward Beecher dijo:

Una persona que no tiene sentido del humor es como una carreta sin resortes; es sacudida con cada piedra del camino.

Considere seriamente las palabras de Moshe Waldoks:

El sentido del humor le ayudará a pasar por alto las cosas que no son atractivas, a tolerar lo que es desagradable, a lidiar con lo inesperado y a sonreír a través de lo que es insoportable.

Su día va en la dirección en que se mueve su boca. Creo que cada vez que sonríe y aun mucho más cuando ríe, usted le agrega algo a su vida. Una sonrisa es una curva que nos ayuda a ver las cosas derechas. Janet Layne dijo:

*De todas las cosas que usa,
su expresión es la más importante.*

Proverbios 17.22 dice: «El corazón alegre constituye buen remedio». Una buena risa es un buen remedio ya sea que usted esté enfermo o no.

«El mundo es como un espejo: si frunce el entrecejo, recibe lo mismo. Si sonríe, también le sonríe a usted» (Herbert Samuel). Toda persona que espera recibir felicidad está obligada a dar felicidad. La alegría es contagiosa, pero parece que algunas personas han sido vacunadas contra la infección. El problema con ser un gruñón es que tiene que hacer nuevos amigos todos los meses.

Nuestra actitud les dice a otras personas lo que esperamos a cambio. La felicidad es un trabajo que se realiza desde adentro. El que ríe, perdura. Sonría a menudo y dele un descanso a su frente al no fruncirla.

Una sonrisa es un arma poderosa. Puede romper el hielo en situaciones tensas. Le ayudará a mantener la perspectiva adecuada en la vida. Helen Keller dijo:

Mantenga su rostro hacia la luz del sol y no podrá ver la sombra.

Usted se dará cuenta de que sonreír es como tener un resfrío... ambos son muy contagiosos. Una sonrisa por día va a mantener a las personas negativas alejadas. A medida que el entusiasmo aumenta, el temor y la tensión disminuyen. La Biblia dice que el gozo del Señor es nuestra fuerza (Nehemías 8.10).

Los quejosos no hacen nada para ayudar al progreso. Tom Walsh dijo:

Cada minuto que usted muestra una expresión de tensión, pierde sesenta segundos de felicidad.

Paul Bourge escribió: «La infelicidad indica que se piensa en forma errónea, de la misma manera que la mala salud indica un régimen malo». Es imposible sonreír sin sentirse mejor por dentro. Si usted puede reír sobre una cosa, puede vivir con ella.

Fue sólo una sonrisa luminosa,
  pero hizo huir a la noche.
Aunque costó muy poco darla,
  hizo que el día valiera la pena ser vivido.

–Anónimo

No hay excusa para ESTAR LLENO DE EXCUSAS

«NOVENTA Y CINCO POR CIENTO DE LOS FRACASOS vienen de personas que tienen el hábito de hacer excusas» (George Washington Carver). Usted nunca es una persona fracasada hasta que comienza a culpar a otra persona. Deje de echar la culpa a otros. Descubrirá que cuando es bueno haciendo excusas, no es bueno para ninguna otra cosa. Las excusas son las herramientas que usa una persona sin propósito ni visión para construir grandes monumentos llenos de nada.

Usted puede aprender de sus errores si no malgasta el tiempo negándolos o defendiéndolos:

> *Me parece que en estos días las personas que admiten que están equivocadas llegan mucho más lejos que las que tratan de probar que están en lo cierto.*
>
> –Deryl Pfizer

Lo mismo que el veneno es a la comida, son los pretextos a una vida productiva. El libro de Proverbios dice: «En toda labor hay fruto; mas las vanas palabras de los labios empobrecen».

> *Algunos hombres tienen miles de razones por las cuales no pueden hacer lo que quieren hacer, cuando todo lo que en realidad necesitan es una razón por la cual lo pueden hacer.*
>
> –Willis Whitney

Uno de los pretextos más grandes es lamentarse, poner excusas. No deje ninguna excusa en el campo de juego; invierta su todo en el juego de la vida. «Lo más valioso que he aprendido de la vida es a no lamentarme por nada» (Somerset Maugham).

Elimine sus pretextos, las cosas por las cuales se lamenta, porque la verdad es que mil pretextos no pagan ni una deuda.

> *Cuando uno se lamenta está desperdiciando energía; no se puede construir sobre eso. Sólo sirve para sumirse en la lástima de sí mismo.*
>
> —KATHERINE MANSFIELD

Cuando un ganador comete un error, dice: «Me equivoqué»; cuando un perdedor comete un error dice: «No fue culpa mía». ¿Admite usted «me equivoqué», o dice: «No fue culpa mía»? Un ganador explica; un perdedor trata de justificarse.

A las personas que no hacen nada no les faltan excusas. La palabra *no puedo* por lo general quiere decir que usted no va a tratar. *No puedo* debilita nuestra resolución y muchas veces hace más daño que las calumnias o las mentiras. *No puedo* es la peor excusa y el mayor enemigo del éxito.

Tenemos muchas razones para el fracaso pero no una verdadera excusa. «Las excusas siempre reemplazan al progreso» (Ralph Waldo Emerson). Filipenses 2.14, 15 nos da este consejo maravilloso:

> *Haced todo sin murmuraciones y contiendas, para que seáis irreprensibles y sencillos, hijos de Dios sin mancha en medio de una generación maligna y perversa.*

Los pretextos y las excusas deberían ser cremados y no embalsamados. La persona que siempre se excusa en realidad se acusa a sí misma. Negar una falta la duplica.

Los mejores años de su vida son aquellos en los cuales usted decide que sus problemas son suyos. No los achaca a su madre, a la ecología o al presidente. Usted admite que controla su propio destino.

–ALBERT ELLIS

No viva dando excusas. Deberíamos vivir nuestra vida al igual que Florence Nightingale, quien dijo: «Atribuyo mi éxito a esto: nunca di o acepté una excusa».

Siempre diga menos de lo que sabe

HACE POCO VI UN CARTEL debajo de un enorme róbalo disecado: «Si hubiera mantenido la boca cerrada no estaría aquí». ¡Cuánta verdad hay en esto! No se meta en problemas por usar la boca.

Lo que decimos es importante. El libro de Job nos recuerda: «¡Cuán eficaces son las palabras rectas!» Permítame presentarle esta pregunta: ¿Qué sucedería si cambiara lo que dice en cuanto a su mayor problema, su oportunidad más grande?

Nuestro compromiso diario debería ser: «Oh, por favor, llena mi boca de cosas que valen la pena y dame un codazo cuando he dicho lo suficiente». La lengua humana está a solamente unos centímetros del cerebro, pero cuando usted escucha hablar a algunas personas, parece que la mente y la boca se encuentran a kilómetros de distancia. La boca trabaja con más velocidad cuando el cerebro está en punto muerto.

Un entrenador de secundaria estaba teniendo problemas para motivar a sus atletas para que hicieran lo mejor posible. El equipo había desarrollado la notable reputación de ser el último en todas las competencias en que participaban. Un factor que contribuía negativamente al programa del entrenador era la táctica que empleaba en sus charlas para dar ánimo. El hombre pensaba que su herramienta de más inspiración era decirle al equipo: «Sigan dando vuelta a la izquierda y apúrense a regresar». ¿Le daría eso a usted ánimo? Recuerde: sus palabras tiene el poder de comenzar incendios o apagar la pasión.

No deberíamos ser como el hombre que se unió a un monasterio en el cual se les permitía a los monjes hablar solamente dos palabras cada siete años. Después de los primeros siete años, el novato se reunió con el abad, quien le preguntó: «Bien, ¿cuáles son tus dos palabras?»

«Comida [es] mala» y luego regresó a su silencio.

Siete años después el abad le preguntó: «¿Cuáles son tus dos palabras ahora?»

El hombre le respondió: «Cama [es] dura».

Siete años más tarde; veintiún años después de haber entrado al monasterio, el hombre se reunió con el abad por tercera y última vez. «¿Y cuáles son tus dos palabras esta vez?»

«Me voy».

«No me sorprende», le dijo el clérigo disgustado. «¡Todo lo que has hecho desde que llegaste ha sido quejarte!»

No sea conocido como alguien cuyas palabras son negativas. Escoja hablar en forma positiva, usando palabras que motiven y que sean agradables. Blaise Pascal comentó:

Las palabras amables no cuestan mucho. Nunca le hacen ampollas a los labios o a la lengua. Los problemas mentales nunca salieron de tal forma de expresión. Aunque no cuestan mucho, logran mucho. Hacen surgir la buena naturaleza en otras personas. También producen su propia imagen en el alma de un hombre y qué imagen tan hermosa es.

Sir Wilfred Grenfell dijo: «Haga que las palabras amables salidas de su boca comiencen a viajar. No se puede predecir dónde va a parar el bien que hacen».

Las palabras «yo soy... » son muy poderosas; tenga mucho cuidado lo que coloca detrás de ellas. Las cosas que usted afirma tienen una forma de regresar y exigirle a usted que las cumpla.

–A. L. Kitselman

Algunas veces sus mayores enemigos y sus amigos de más confianza son las palabras que se dice a sí mismo. Como dice el libro de Proverbios: «La muerte y la vida están en poder de la lengua».

Henry Ward Beecher reflexionó:

Una palabra de ayuda a una persona que está en problemas es a menudo como el interruptor de una vía de ferrocarril... hay dos centímetros entre un accidente y la prosperidad que avanza sin dificultades.

Johann Lavater aconsejó: «Nunca diga nada malo de un hombre si no lo sabe con certeza y si lo sabe con certeza, entonces pregúntese a usted mismo: "¿Por qué debería decirlo?"»

¿Cuáles son las palabras que tienen el efecto más poderoso en usted? George Burnham dijo: «"No lo puedo hacer" nunca ha logrado nada. "Voy a tratar" ha logrado maravillas».

Para guardar sus labios de lapsus linguae,
Observe cinco cosas cuidadosamente:
a quién le habla, de quién habla,
cómo, cuándo y dónde habla.

—ANÓNIMO

LOS SENDEROS SIN OBSTÁCULOS NO LLEVAN A NINGÚN LUGAR IMPORTANTE

PARA LLEGAR A LA «TIERRA PROMETIDA» usted tendrá que transitar por el desierto. Todos enfrentamos obstáculos, problemas y desafíos a lo largo del camino, y la manera en que los vemos y respondemos a ellos tienen mucha importancia.

> *Hermanos míos tened por sumo gozo cuando os halléis en diversas pruebas, sabiendo que la prueba de vuestra fe produce paciencia. Mas tenga la paciencia su obra completa, para que seáis perfectos y cabales, sin que os falte cosa alguna.*
>
> –SANTIAGO 1.2-4

Un hombre con veinte desafíos está vivo el doble que un hombre con diez. Si usted no tiene ningún desafío, debería caer de rodillas y preguntar: «Señor, ¿ya no me tienes confianza?» Así que, si tiene problemas, ¡eso es bueno! ¿Por qué? Porque las victorias consecuentes sobre sus problemas son escalones importantes en su escalera al éxito. Sea agradecido por los desafíos, porque si fueran menos difíciles, alguien con menos habilidad tendría su trabajo.

«Un hombre de éxito nunca va a ver un día que no traiga su cuota de problemas nuevos y la marca del éxito es tratar con ellos en forma efectiva» (Lauris Norstad).

Usted nunca será la persona que podría ser si se eliminan de su vida la presión, la tensión y la disciplina.

–JAMES BILKEY

Rehúsese a desalentarse por contratiempos pasajeros. Si usted comienza a encontrar algunos tumbos duros en el camino, no se preocupe. Por lo menos está fuera de una rutina. Las circunstancias no son su amo.

Siempre se puede medir a un hombre por la cantidad de oposición que toma desalentarlo. Cuando las aguas comienzan a subir, usted también puede comenzar a subir. Puede pasar por encima y no debajo de las aguas. «Los obstáculos que se nos cruzan en el camino pueden ser neumáticos espirituales desinflados; interrupciones momentáneas que terminan redirigiendo nuestra vida en forma significativa» (Bernie Siegel).

La verdad es que si usted tuviera un sendero sin obstáculos, sería mayormente como un camino que no lleva a ningún lugar importante. La adversidad es la madre de la invención y la adversidad de un hombre siempre es la oportunidad de Dios. La dificultad hace nacer a la oportunidad:

«En el mundo tendréis aflicción; pero confiad, yo he vencido al mundo».

–JUAN 16.33

«¿Cuál es la diferencia entre un obstáculo y una oportunidad? Nuestra actitud hacia eso. Toda oportunidad es una dificultad y toda dificultad es una oportunidad» (J. Sidlow Baxter). «Muéstreme a alguien que ha hecho algo digno de mención y yo le mostraré a alguien que ha vencido la adversidad» (Lou Holtz). Muchas personas tienen buenas intenciones, pero cuando algo malo llega a su camino, simplemente se detienen. Todos los senderos tienen un charco, pero los charcos pueden ser herramientas por medio de las cuales Dios nos forma para cosas mejores.

Recuerde, cuando usted está en el camino correcto, el viaje es digno de las dificultades. Si nosotros reconociéramos que la vida es difícil, las cosas nos resultarían mucho más fáciles.

Todo problema tiene en sí mismo las semillas de su propia solución. Si usted no tiene ningún problema, no recibe ninguna semilla.

—NORMAN VINCENT PEALE

Esté atento a las emergencias porque son su oportunidad más grande. Viva la vida de forma que pueda decir: «Gracias a Dios he tenido una vida llena de desafíos».

La nariz del perro buldog está inclinada hacia atrás, para que pueda seguir respirando sin soltar la presa

–Winston Churchill

LAS PERSONAS PERSEVERANTES COMIENZAN SU ÉXITO donde la mayoría abandonan. Como creyentes debemos ser conocidos como personas que perseveran y que resisten las pruebas. Una persona que tenga dedicación, perseverancia y resistencia logrará más que mil personas que sólo tengan interés. En Hebreos 12.1 leemos:

> *Por tanto, nosotros también, teniendo en derredor nuestro tan grande nube de testigos, despojémonos de todo peso y del pecado que nos asedia, y corramos con paciencia la carrera que tenemos por delante.*

Cuanto más diligentemente trabajemos, tanto más difícil va a ser que cedamos. La persistencia es un hábito y también lo es el dejar de hacer las cosas.

Nunca se preocupe sobre con cuánto dinero, habilidad o equipo está comenzando algo; simplemente comience con un millón de dólares de determinación. Recuerde: no es lo que tiene, sino lo que hace con lo que tiene lo que hace toda la diferencia. Muchas personas empiezan con entusiasmo «la buena batalla de la fe» pero se olvidan de agregarle paciencia, persistencia y resistencia a su entusiasmo. Josh Billings dijo:

Considere las estampillas del correo. Su utilidad con-
siste en pegarse a algo hasta que llegan al lugar adon-
de van.

Usted y yo deberíamos ser conocidos como creyentes tipo
estampillas de correo.

En 1 Corintios 15.58 el apóstol Pablo escribe:

Así que, hermanos míos amados, estad firmes y cons-
tantes, creciendo en la obra del Señor siempre, sabien-
do que vuestro trabajo en el Señor no es en vano.

Pedro nos dice: «Por lo cual, oh amados, estando en espera
de estas cosas, procurad con diligencia ser hallados por él sin
mancha e irreprensibles, en paz» (2 Pedro 3.14). Y el sabio
Salomón señala: «¿Has visto a un hombre solícito en su trabajo?
Delante de los reyes estará» (Proverbios 22.29).

La nariz del perro buldog está inclinada hacia atrás,
para que pueda seguir respirando sin soltar la presa.

En el Lejano Oriente, la gente planta un árbol que se llama
bambú chino. Durante los primeros cuatro años, riegan y fer-
tilizan la planta a pesar de que los resultados parecen pequeños
o ninguno. Entonces, al quinto año, otra vez riegan y fertili-
zan la planta y en cinco semanas el árbol crece hasta casi treinta metros de altura. La pregunta obvia es: «¿Creció el bambú
chino treinta metros en cinco semanas o en cinco años?» La
respuesta es cinco años. Si en algún momento en esos cinco
años la gente hubiera dejado de regar y fertilizar el árbol, este
hubiera muerto.

Muchas veces nuestros planes y sueños no parecen tener
éxito. Estamos tentados a rendirnos y a dejar de tratar. En cambio, debemos continuar regando y fertilizando esos sueños, ali-
mentando las semillas de la visión que Dios ha colocado dentro

de nosotros. Si no nos damos por vencidos, si mostramos perseverancia y resistencia, vamos a recoger una cosecha.

El caracol llegó al arca perseverando.
—CHARLES HADDON SPURGEON

Un cuadro original es difícil de encontrar pero fácil de reconocer

¿CUÁNTAS PERSONAS SOBRESALIENTES conoce usted que tienen muchas características distintivas y únicas? Son *diferentes*. Creo que uno de los elogios más grandes que usted puede recibir es cuando alguien se le acerca y le dice: «Usted es diferente». No estoy sugiriendo ser raro por simplemente ser raro. Sea usted mismo y se va a destacar.

No sea como un flan viviente. Lo que dijo Eric Hoffer es verdad:

Cuando la gente tiene la libertad de hacer lo que quiere, por lo general se imitan los unos a los otros.

El hombre es la única creación que se rehúsa a ser lo que es.

No se deje impresionar por otras personas y trate de copiarlas. Nadie puede ser como usted tan eficiente y efectivamente como usted mismo. Una de las cosas más difíciles en cuanto a subir por la escalera del éxito es pasar a través de la multitud de copiones que se encuentran en la parte de abajo.

El número de personas que no aprovechan sus talentos es mucho más que el número de personas que aprovechan los talentos que apenas tienen. Comience a aceptar la forma en que Dios lo hizo.

Usted es un especialista. No ha sido creado para ser todas las cosas a todas las personas. Más del noventa por ciento de todas las flores o tienen un olor desagradable o no tienen olor alguno. Sin embargo, tendemos a recordar las flores que tienen una fragancia dulce. ¡Destáquese!

Seguir el curso de menos resistencia es lo que hace que los hombres y los ríos se tuerzan.

–Larry Bielat

Demasiadas personas hacen que sus vidas sean cementerios donde entierran sus talentos y dones. Estas habilidades son como depósitos en nuestras cuentas personales y nosotros somos quienes determinan el interés. Cuanto más atención e interés les damos, tanto más valiosas se vuelven.

La copia se adapta al mundo, pero el original trata de adaptar al mundo a sí mismo. No se requiere de una mayoría para realizar un cambio; sólo se requiere algunos originales con determinación y una buena causa. Estoy de acuerdo con el viejo adagio que dice: «Usted es el único en toda la creación que tiene su conjunto de habilidades. Usted es especial. Es raro. Y en toda rareza existe mucho valor».

¿Podría haber sido escrito Hamlet por un comité o la Mona Lisa pintada por un club? ¿Podría haber sido compilado el Nuevo Testamento como un informe de conferencia? Las ideas creativas no salen de los grupos. Salen de los individuos.

–A. Whitney Griswold

Cada uno de nosotros tiene su forma única de ser. No existen precedentes; usted es el primer *usted* que ha existido. Es la persona mejor calificada del mundo para hacer lo que ha sido destinado a hacer.

CUANDO DIOS ES TODO LO QUE USTED TIENE, ENTONCES ÉL ES TODO LO QUE NECESITA

¡USTED PUEDE ENCONTRAR A DIOS! Pero existe una condición: búsquelo de todo corazón. Siempre se va a meter en problemas cuando trata de manejar su vida sin Dios. En 2 Crónicas 32.8 leemos:

> *Con nosotros está nuestro Dios para ayudarnos y pelear nuestras batallas.*

Dios, el Guerrero supremo, vive en usted. Si usted es soldado de Cristo, no se preocupe por a la opinión pública. Solamente preocúpese por a la opinión de su Comandante. Si usted teme a Dios, no hay necesidad de que tema a nadie más.

Creo que deberíamos seguir el consejo de Mary Lyons: «Confíe en Dios y haga algo». A Satanás no le importa lo que adoremos mientras tanto no adoremos a Dios. Demasiadas personas le piden a Dios que las guíe y luego toman el volante. Su relación con Dios va a durar si Él es el primero en su vida. A menudo la gente quiere las bendiciones de Dios, pero no lo quieren a Él.

Cuando usted pierde a Dios, no es Dios el que está perdido. Algunas personas hablan de encontrar a Dios como si Él se hubiera perdido. La Biblia dice: «Acercaos a Dios, y él se acercará a vosotros» (Santiago 4.8). William Law agregó:

Nada nos ha separado de Dios, sino nuestra propia voluntad, o más bien nuestra propia voluntad es nuestra separación de Dios.

Tommy Barnett reflexionó: «Cuanto más profundo cavo, tanto más profundo cava Él». Para aumentar en valor, conozca mejor a Dios. Óre al Padre: «Quiero estar en tu voluntad y no estorbando en tu camino».

Oswald Chambers nos aconseja:

Fórmese el hábito de tratar todas las cosas con Dios. A menos que en el primer momento del día, en que despierta, le abra la puerta de par en par a Dios y deje que Él entre, usted va a trabajar en un nivel errado todo el día; pero abra la puerta de par en par a su Padre en secreto y todo lo público va a ser estampado con el sello de la presencia de Dios.

Deténgase todos los días y ponga a Dios en primer lugar.

La Biblia nos encuentra en el lugar donde estamos y con nuestro permiso nos va a llevar adonde deberíamos ir. Se nos han dado otros libros para obtener información, pero la Palabra de Dios se nos ha dado para transformación. Una persona que simplemente lee un poco aquí y otro poco allá de la Palabra de Dios nunca le toma el gusto. En cambio, escoja ser un seguidor devoto del Señor. Nuestro clamor del corazón a Dios debería ser el mismo de Isaías: «Heme aquí, envíame a mí» (Isaías 6.8). Considere las palabras de W. H. Atken:

Señor, toma mis labios y habla a través de ellos; toma mi mente y piensa a través de ella; toma mi corazón y enciéndelo.

No sólo debemos dar lo que tenemos; también debemos dar lo que somos para Dios.

¿Está listo?

PARA UNA PERSONA, EL MUNDO ES un lugar desolado, aburrido, vacío; para otra el mismo mundo se ve fértil, interesante y lleno de significado. «Son comunes los ojos que miran, pero son raros los ojos que ven», dice J. Oswald Sanders. La forma en que nos colocamos a nosotros mismos para recibir hace toda la diferencia. Nunca verá la salida del sol si mira hacia el oeste. Usted debe elegir.

Si mira la vida de la manera equivocada, siempre habrá motivo para alarmarse. Es igual a la forma en que un billete de veinte dólares puede parecer muy grande cuando va a la iglesia y tan pequeño cuando se van a comprar comestibles. Lo que ve depende mayormente de lo que busca. Algunas personas se quejan porque las rosas tienen espinas. En cambio, esté agradecido de que las espinas tienen rosas.

Colóquese en la posición de recibir, no resistir. La forma en que ve las cosas depende de cómo están las cosas dentro de usted.

> *Cualquier hecho que enfrentemos no es tan importante como nuestra actitud hacia él, porque eso es lo que determina nuestro éxito o fracaso.*
>
> —Norman Vincent Peale

No ore para que llueva si se va a quejar del barro.

«Usted y yo no vemos las cosas como son. Las vemos cómo somos nosotros» (Herb Cohen). Desarrolle el enfoque del cazador, la perspectiva de que dondequiera que vaya hay ideas esperando ser descubiertas. Cuando usted está en la posición correcta, la oportunidad se presenta a sí misma. Las oportunidades pueden caer sobre sus rodillas si usted tiene las rodillas donde caen las oportunidades.

Se puede perder la oportunidad si usted está transmitiendo cuando debería estar escuchando. Cuando la oportunidad toca a la puerta, algunas personas le ponen objeciones a la interrupción.

Una de las verdades más grandes y más consoladoras es que cuando una puerta se abre, otra se cierra, pero a menudo miramos durante tanto tiempo y nos lamentamos por la puerta cerrada que no vemos la que está abierta para nosotros.

−ANÓNIMO

Vea el éxito donde otros ven sólo el fracaso. Espere que algo bueno pase y esa esperanza les dará energía e impulso a sus sueños. Usted va a obtener ventaja si hace las cosas antes que necesiten ser hechas; colóquese en una posición adelantada. Va a disfrutar del éxito cuando viaja delante de la multitud.

Pienso que uno de los beneficios principales de leer buenos libros es que nos pueden enseñar de antemano a responder a muchos de los desafíos y oportunidades de la vida. La buena información puede guiarlo a «cavar un pozo antes de estar sediento y a plantar una semilla antes de tener hambre».

Para muchas personas, el problema con el futuro es que llega antes que estén listas para él. El colocarse en la posición de recibir hace que usted esté listo. ¿Está listo?

Usted encontrará que la vida responde a su perspectiva. Vamos a donde está nuestra visión. En su mayor parte, la vida es un asunto de expectativa.

El secreto de la vida es dar

UNA MANERA DE VER CÓMO ES UNA PERSONA es por medio de lo que dice. La *mejor* manera es por lo que da. Elizabeth Bibesco dijo:

> *Felices son los que pueden dar sin recordar y recibir sin olvidar.*

El gran problema no son los que tienen y los que no tienen; son los que no dan. El Señor ama al dador alegre; y también lo ama todo el mundo.

Charles Spurgeon exhortó: «Sienta por los demás en su billetera». Un proverbio indio dice: «La gente buena, al igual que las nubes, solamente reciben para dar».

La mejor generosidad es la que es rápida. Cuando usted da con rapidez, es como si diera dos veces. Cuando da sólo después de que le piden, ha esperado demasiado tiempo.

Todo lo bueno que sucede en su vida no es para que se lo guarde para sí mismo. Parte de eso es para que lo dé a otros. Estoy de acuerdo con E. V. Hill:

> *Lo que sea que Dios pueda pasar a través suyo,*
> *Él se lo dará.*

El libro de los Hechos dice: «Más bienaventurado es dar que recibir» (20.35). El dar siempre es el termómetro de nuestro amor por los demás. Eleanor Roosevelt observó: «Cuando usted deja de hacer una contribución, comienza a morir». Los que siempre reciben no son felices, los que dan son felices.

La mejor manera de vivir para sí mismo es vivir para los demás. John Wesley aconsejó: «Gane todo lo más que pueda, ahorre todo lo más que pueda, dé todo lo más que pueda». Esa es una fórmula excelente para una vida de éxito.

Cuando se trata de dar, a alguna gente nada los detiene. El problema con las personas que «dan hasta que les duele» es que son demasiado sensibles al dolor. La codicia siempre disminuye lo que se ha ganado. Mike Murdock declara: «Dar es prueba de que usted ha conquistado la codicia».

Si usted tiene, dé. Si no tiene, dé. G. D. Bordmen dijo: «La ley de la cosecha es recoger más de lo que se siembra». Es verdad: la gente que da siempre recibe.

El egoísmo continuamente termina en la autodestrucción.

Henry Drummond dijo: «No hay felicidad en tener o en recibir, sino solamente en dar». La prueba de la generosidad no es necesariamente cuánto da usted sino cuánto le queda. Henry David Thoreau dijo: «Si usted da dinero, gástese a sí mismo con él». Lo que usted da, vive.

Su problema es su promoción

TODO OBSTÁCULO LE PRESENTA A UNA PERSONA una oportunidad de conocerse a sí misma. La forma en que respondemos a los obstáculos es de mucha importancia.

El ejemplo más grande de la forma correcta de responder a un obstáculo en la Biblia es la historia del gigante Goliat, quien confrontó e intimidó al ejército de Israel, incluyendo a los hermanos de un joven pastor llamado David. Los hermanos de David escogieron no hacer nada acerca del obstáculo que tenían por delante, pero David hizo algo. ¿Cuál fue la diferencia? La forma en cada uno de ellos vio el problema. Los hermanos miraron el obstáculo y pensaron que era demasiado grande para atacarlo, pero David miró el obstáculo y pensó que era demasiado grande para errarle.

La manera en que usted mira a un obstáculo en su vida hace toda la diferencia.

Permita que cada obstáculo lo fuerce a ir al siguiente nivel con Dios. Ningún obstáculo lo va a dejar a usted de la forma en que lo encontró. Usted será mejor o será peor.

Tenga presente este hecho importante en cuanto a los obstáculos: todos los obstáculos tienen un término de vida limitado. El año pasado nos preocupamos por cosas que ni siquiera podemos recordar hoy. No le crea al diablo cuando le dice que las cosas no van a cambiar y que no van a pasar.

Los obstáculos dominan a las personas mediocres, pero los grandes líderes se elevan sobre ellos. Usted y yo debemos ser como el gran hombre a quien, cuando le preguntaron qué lo ayudó a vencer los obstáculos de la vida, respondió: «los otros obstáculos». Deberíamos ser como un cometa o un barrilete que se eleva contra el viento. Todo problema tiene un punto débil, *hay* una respuesta.

Muchas personas creen que la mayor parte de sus problemas son relacionados con el dinero, pero la perspectiva correcta es saber que un problema que se puede resolver con la libreta de cheques no es en realidad un obstáculo... es un gasto.

Alguien dijo que los obstáculos son lo que vemos cuando quitamos nuestra vista de la meta. Mantenga los ojos en la meta y recuerde que usted no está solo en su lucha.

Sabemos que a los que aman a Dios, todas las cosas les ayudan a bien, esto es, a los que conforme a su propósito son llamados.

−ROMANOS 8.28

En tiempos de adversidad, usted no tiene un obstáculo, tiene una elección. En medio de circunstancias increíbles, crea. Dios le tiene una promoción.

La clave de mi éxito está oculta en mi rutina diaria, así que hoy voy a...

...RECONOCER QUE HOY ES EL DÍA por el cual he orado.

...ser alguien valioso para una persona.

...decir «gracias» y «por favor».

...aprovechar el tiempo. No voy a perder una hora de mañana y luego pasar todo el día buscándola.

...resolver un problema que es más grande que yo.

...elogiar a alguien.

...buscar milagros que me lleguen a mí y que pasen por mi lado.

...llegar a conocer mejor a Dios leyendo su Palabra.

... hacer una mejoría pequeña en alguna esfera de mi vida.

...ayudar a alguien que no me puede pagar el favor.

... cambiar mi manera de pensar de «gracias a Dios que es viernes», a «gracias a Dios que es hoy».

...escoger amar a Dios y apreciar a la gente.

...hacer por lo menos tres cosas que por lo regular no hago porque no me resultan cómodas.

...saber que el diablo odia este día porque estoy levantado de nuevo.

...morir al yo.

...dar gracias por mi pan diario.

...dejar a otros un poco mejor de lo que los encontré.

...observar que todos los días la tierra alaba al Señor.

...levantarme temprano, porque ningún día es lo suficientemente largo para realizar todo el trabajo del día.

...pedir ayuda sin sentir miedo.

...dar lo mejor de mi día a la comunión con Dios.

...vivir según la regla de oro así no tendré que pedir disculpas por ninguna de mis acciones mañana.

...hacer hoy lo que quiero dejar para hacer mañana.

...saber que el lugar para ser feliz es este; la hora para ser feliz es ahora.

...tomar pequeños pasos para dominar un mal hábito.

...evaluar mis acciones no por la cosecha sino por las semillas que planto.

CUANDO USTED DEJA UNA MARCA EN LA VIDA, SIEMPRE VA A ATRAER BORRADORES

PARA TENER ÉXITO EN LA VIDA USTED DEBE VENCER los muchos esfuerzos de otras personas de hacerlo fracasar. La forma en que usted elige responder a las críticas es una de las decisiones más importantes que toma.

El primer y más importante mandamiento en cuanto a los críticos es: *no deje que lo asusten.* Charles Dodgson advirtió:

> *Si limita sus acciones en la vida a las cosas que nadie puede criticar, no va a hacer mucho.*

Nada importante se ha logrado jamás sin controversia, sin críticas. Cuando usted permite que las palabras de otras personas lo detengan, lo detendrán.

Christopher Morley dijo: «La verdad es que un crítico es como un gong en un cruce de ferrocarriles, que suena fuerte y en vano mientras el tren pasa». Se han perdido muchas buenas ideas porque las personas que las tuvieron no pudieron resistir las críticas y se rindieron. Un crítico es alguien que encuentra faltas sin que le den permiso para encontrarlas. Una de las cosas más fáciles de encontrar son las faltas.

> *Las personas más insignificantes son las más propensas a despreciar a los demás. Están a salvo de las represalias y no tienen esperanza de elevarse en su propia estima si no degradan a sus vecinos.*
> —WILLIAM HAZLITT

Los críticos no sólo esperan lo peor, sino que hacen lo peor de las cosas que suceden.

Dennis Wholey expresó:

> *Esperar que el mundo lo trate con equidad porque usted es una buena persona es un poco como esperar que un toro no lo ataque porque usted es vegetariano.*

Estoy de acuerdo con Fred Allen quien dijo: «Si el criticismo tuviera verdadero poder de dañar, los zorrinos ya habrían sido extinguidos a esta altura». Recuerde esto sobre un crítico: un crítico es una persona que siempre busca lo peor en los demás. Las mentes brillantes hablan sobre ideas, las mentes buenas hablan sobre acontecimientos y las mentes pequeñas hablan sobre otras personas.

La Biblia habla sobre multiplicar, pero demasiados críticos prefieren dividir. No se permita a sí mismo llegar a ser una persona crítica. Jesús advierte: «No juzguéis, para que no seáis juzgados» (Mateo 7.1). Cuando usted les tira tierra a otras personas, siempre hará una montaña de un grano de arena. El único barro que puede ensuciarlo es el que usted tira. El que tira barro nunca tiene las manos limpias.

Usted no puede labrar su camino al éxito por medio de observaciones cortantes. Nunca se va a elevar si constantemente está vituperando a alguien. Como reflexionara Tillotson:

> *La forma más rápida en que un hombre puede poner en tela de juicio su propio valor es cuando trata de negar el valor de otro hombre.*

Henry Ford hizo el siguiente comentario:

Los hombres y los automóviles se parecen bastante. Algunos corren muy bien en una elevada colina; otros corren suavemente sólo cuando van cuesta abajo. Cuando usted escucha que uno hace «toc, toc, toc» todo el tiempo, es una señal segura de que algo anda mal debajo de la cubierta del motor.

Recuerde esto: si usted le teme a las críticas, va a morir sin hacer nada. Si usted quiere un lugar en el sol, tiene que esperar recibir algunas ampollas y que le salpiquen arena en la cara. Las críticas son un cumplido cuando usted sabe que lo que está haciendo es lo correcto.

EN FORMA CONTINUA FRUSTRE A LA TRADICIÓN CON SU CREATIVIDAD E IMAGINACIÓN

DETÉNGASE Y SUEÑE DESPIERTO DE VEZ EN CUANDO. Todos necesitamos dejar que nuestra imaginación divague y debemos darle una oportunidad de que respire. Nunca es demasiado tarde para que comience a pensar en forma más creativa.

Lo que previene que una persona obtenga su potencial a menudo es una simple falta de imaginación. Pensar en ideas nuevas es como afeitarse: si usted no lo hace todos los días, es un descuidado. Comience y mantenga una corriente de ideas nuevas, emocionantes y poderosas sobre las cuales pueda actuar de inmediato.

En forma continua frustre a la tradición con su creatividad e imaginación.

> *Las oportunidades del hombre están limitadas sólo por su imaginación. Pero tan pocos tienen imaginación, que hay diez mil violinistas para cada compositor.*
> —Charles Kettering

Sus sueños son un anticipo de su grandeza. Todos los hombres que han logrado cosas grandes han sido soñadores. Tal vez sea que los que más sueñan, más hacen. Un pensador poco profundo pocas veces hace una buena impresión. Actuamos, o dejamos de actuar, no debido a la *voluntad,* como se cree tan comúnmente, sino debido a la *visión*. Sólo una persona que ve lo invisible puede hacer lo imposible.

> *Las ideas son como los conejos. Cuando usted tiene dos y aprende a criarlos, muy pronto tendrá una docena.*
>
> –ANÓNIMO

Si mantiene una curiosidad insaciable, le sacará mejor provecho a cada parte de su vida. «Lo importante es no dejar de hacer preguntas. Nunca pierda una curiosidad santa» (Albert Einstein). Dexter Yager dice: «No deje que nadie le robe su sueño».

«Tenemos que tener un sueño si vamos a hacer que un sueño se haga realidad» (Denis Waitley). Nada sucede a menos que primero haya un sueño. Cuanto más pueda soñar, tanto más podrá hacer.

> *Las ideas son como las estrellas: nunca podemos alcanzarlas, pero al igual que los marineros en alta mar, marcamos nuestro curso por ellas.*
>
> –CARL SCHURZ

Dios nos dio un mundo no terminado para que podamos compartir en los gozos y la satisfacción de la creación: «La creatividad ha sido colocada en cada uno de nosotros; es parte de nuestro diseño. Cuando escogemos no vivir de acuerdo a los poderes creativos que poseemos, cada uno de nosotros escoge vivir menos de la vida de Dios» (Ted Engstrom).

> *Soy muy aficionado a los sueños. Desdichadamente, lo primero que se pierde en la vida son los sueños. La gente parece abandonarlos más rápidamente que cualquier otra cosa por una «realidad».*
>
> –KEVIN COSTNER

> *Las personas realistas con blancos prácticos, raramente son tan realistas o prácticas a lo largo de la vida, como los soñadores que persiguen sus sueños.*
>
> –HANS SELYE

Lo que usted necesita es una idea. Sea lo suficientemente valiente como para vivir en forma creativa. «Puesto que soñar no cuesta nada, usted no se va perjudicar financieramente cuando despliega su imaginación» (Robert Schuller). Una sola idea. Cuando se le enciende la lamparita con un pensamiento, puede valer un millón de dólares. Mire las cosas no como son sino como pueden ser. La visión le agrega valor a todas las cosas.

DIOS LO VA A USAR EN EL ESTADO EN QUE USTED ESTÁ HOY

USTED NO NECESITA NADA MÁS para que Dios comience a usarlo ahora. No tiene que leer otro libro, escuchar otro casete, aprender de memoria otro pasaje de las Escrituras, plantar otra semilla con una donación, o repetir otro credo o confesión. Tampoco es preciso que asista a otro servicio de la iglesia antes que Dios pueda usarlo.

Dios usa vasos que están disponibles, no vasos que rebosan. A través de toda la Biblia, para cumplir sus planes para la tierra, Dios usó toda clase de personas de todas las esferas sociales:

- Mateo, un empleado del gobierno que llegó a ser uno de los apóstoles
- Gedeón, un obrero común que llegó a ser un valiente líder
- Jacobo, un engañador y refugiado, cuyo nombre llegó a ser Israel y que llegó a ser el padre de las doce tribus de Israel
- Débora, una esposa que llegó a ser juez
- Moisés, un tartamudo que llegó a ser un gran libertador
- Jeremías, un niño que sin temor habló la Palabra del Señor
- Aarón, un siervo que llegó a ser portavoz de Dios
- Nicodemo, un fariseo que llegó a ser un defensor de la fe

- David, un pastorcito que llegó a ser rey
- Oseas, un hombre que fracasó en su matrimonio, quien profesó para salvar a Israel
- José, un prisionero que llegó a ser primer ministro
- Ester, una huérfana que llegó a ser reina
- Elías, un hombre sin hogar que llegó a ser un gran profeta
- Josué, un asistente que llegó a ser conquistador
- Santiago y Juan, pescadores que llegaron a ser discípulos íntimos de Jesús y que eran conocidos como los «hijos del trueno»
- Abraham, un nómada que llegó a ser el padre de muchas naciones
- Juan el Bautista, un vagabundo que llegó a ser el precursor de Jesús
- María, una joven virgen desconocida que tuvo al Hijo de Dios
- Nehemías, un copero que construyó el muro de Jerusalén
- Sadrac, Mesac y Abed-nego, los exiliados hebreos que llegaron a ser grandes líderes en el Imperio Babilonio
- Ezequías, el hijo de un padre idólatra, que llegó a ser un rey reconocido por hacer lo recto delante del Señor
- Isaías, un hombre de labios sucios que profetizó el nacimiento del Mesías de Dios
- Pablo, un perseguidor que se creía justo, que llegó a ser el misionero más grande de la historia y quien escribió dos tercios de los libros del Nuevo Testamento

¡Todo lo que Dios necesita, es el todo de usted!

¿CUENTA USTED SUS BENDICIONES, O CREE QUE SUS BENDICIONES NO CUENTAN?

Si la única oración que dice en su vida es «gracias», eso sería suficiente.

–MEISTER ECKHART

¿Tiene usted una actitud de gratitud? Si nos detuviéramos a pensar más, nos detendríamos a agradecer más. De todos los sentimientos humanos, la gratitud es la que tiene menos memoria.

Cícero dijo: «Un corazón agradecido no es solamente la virtud más grande, sino que es la madre de todas las virtudes». El grado de su agradecimiento es un índice seguro de su salud espiritual. Max Lucado escribió: «El diablo no tiene que robarle nada, todo lo que tiene que hacer es que usted tome las cosas por sentado sin un espíritu de reconocimiento y agradecimiento». Cuando usted cuenta todas sus bendiciones, siempre va a mostrar una ganancia.

Reemplace con gratitud las cosas por las cuales se lamenta. Siéntase agradecido por lo que tiene, no se lamente por lo que no tiene. Si no puede estar agradecido por lo que tiene, esté agradecido por las cosas que no le han sucedido. Henry Ward Beecher dijo: «El desagradecido no descubre misericordias, pero el corazón agradecido encontrará cada hora alguna bendición celestial». Cuanto más se queje, menos va a obtener.

> *Si obtenemos todo lo que queremos, muy pronto no*
> *vamos a querer nada de lo que obtenemos.*
>
> –VERNON LUCHIES

Si usted no disfruta lo que tiene, ¿cómo puede ser feliz con más? Francis Schaeffer dijo: «El comienzo de la rebelión del hombre contra Dios fue y es la falta de un corazón agradecido». Las semillas del desánimo no crecerán en un corazón agradecido. Erich Fromm declaró: «La codicia es un pozo sin fondo que extenúa a la persona en un esfuerzo sin fin de satisfacer la necesidad sin nunca llegar a la satisfacción».

Epicúreo reflexionó: «Nada es suficiente para el hombre para el que suficiente es muy poco». Es una señal segura de mediocridad ser moderado con nuestro agradecimiento. Nunca esté tan ocupado que le pida favores a Dios por los cuales no tiene tiempo de agradecerle. Me puedo compenetrar con lo que dijo Joel Budd: «Me siento como si hubiera sido yo quien escribió *Sublime Gracia*».

> *La felicidad siempre parece pequeña cuando usted la*
> *tiene en sus manos, pero póngala en libertad y de*
> *pronto se dará cuenta de lo grande y preciosa que es.*
>
> –MAXIM GORKY

Creo que deberíamos tener la actitud de George Hubert, quien dijo: «Tú, oh Señor, me has dado mucho, dame una cosa más: un corazón agradecido». En el libro de los Salmos, la Biblia dice: «Vengamos ante su presencia con acción de gracias» (paráfrasis del autor). Nuestro agradecimiento a Dios siempre debería preceder a nuestras peticiones. En 1 Tesalonicenses 5.17-18, la Biblia nos presenta este reto: «Orad sin cesar. Dad gracias en todo».

«No le damos las gracias a Dios por mucho de lo que nos da. Con demasiada frecuencia nuestras oraciones son la oración del mendigo, la oración que pide algo. Ofrecemos muy pocas oraciones de agradecimiento y de alabanza» (Robert Woods). No se

encuentre al final de su vida diciendo: «¡Qué vida tan maravillo-
sa he vivido! Mi único deseo es que me hubiera dado cuenta
antes y la hubiera apreciado».

Gracias, Dios, por los platos sucios;
porque tienen un mensaje.
Mientras que otras personas pasan hambre,
nosotros comemos bastante bien.
Con un hogar, buena salud y felicidad,
no deberíamos quejarnos;
Porque con toda esta evidencia,
Dios es muy bueno con nosotros.

—Anónimo

EL GANAR EMPIEZA CON EMPEZAR ALGO

TODO LO GRANDE COMIENZA CON ALGO PEQUEÑO. Nada grande se crea de repente. Todo lo que hacemos debe hacerse poco a poco. Nunca tome la decisión de no hacer nada porque solamente puede hacer algo.

Las personas que creen que son demasiado grandes como para hacer cosas pequeñas, tal vez sean demasiado pequeñas para que les pidan que hagan cosas grandes. Las pequeñas oportunidades son a menudo el comienzo de grandes empresas.

Dentro de cada cosa pequeña yace una gran oportunidad. Las cosas pequeñas hacen una gran diferencia; por lo tanto, haga todo lo que se requiere para tener éxito en las cosas pequeñas.

Una de las oraciones más frecuentes que oro es: *Señor, envía pequeñas oportunidades a mi vida*. Sé que si soy fiel en lo poco, se me abrirán oportunidades más grandes. Cuando somos fieles en esas pequeñas oportunidades, Dios nos dice:

> *Sobre poco has sido fiel, sobre mucho te pondré; entra en el gozo de tu Señor.*
>
> —MATEO 25.21

Usted nunca hará cosas grandes si no puede hacer cosas pequeñas de manera grande. Todas las cosas difíciles tienen principios fáciles, y las cosas grandes comienzan con algo pequeño.

Una de las mayores diferencias entre las personas entusiastas y las que no lo son es que las entusiastas crecen aprovechando pequeñas oportunidades. Muchas veces lo imposible es lo que no se ha tratado de hacer. He aquí algo del mejor consejo que me han dado: «¡Haz algo!» El valor para comenzar es el mismo valor que lleva tener éxito. Es el valor que por lo general separa a los soñadores de los que obtienen logros.

Ganar empieza con comenzar.

–ROBERT SCHULLER

El comienzo es la parte más importante de cualquier empresa. Peor que el que abandona es el que tiene miedo de comenzar. Noventa por ciento del éxito es presentarse y comenzar. Tal vez usted se desilusione si fracasa; pero está condenado al fracaso si no trata.

No se deje engañar: saber solamente adonde quiere ir no puede ser nunca un sustituto de poner un pie delante del otro. Descubra la emoción paso a paso. Para ganar, debe comenzar.

El primer paso es el más difícil. «Es por eso que tantos fracasan; porque no comienzan, no se ponen en movimiento. No vencen la inercia. No empiezan» (W. Clement Stone). No se desaliente. Los pequeños pasos se suman, y se suman con mucha rapidez.

Atrévase a comenzar. Ningún esfuerzo es peor que el que no se hace. Usted no sabe lo que puede hacer hasta que ha tratado. La gente, al igual que los árboles, o crecen o se marchitan. No existe la posibilidad de estar quieto. Haga lo que puede.

Siempre es su próximo paso el que lo mantiene en movimiento.

–N. HILL

Saber lo que Dios no puede hacer es tan importante como saber lo que él puede hacer

DIOS NO PUEDE MENTIR.

Dios no puede cambiar.

Dios no puede acordarse de nuestros pecados después de que le hemos pedido que los perdone.

Dios no puede ser el autor de confusión.

Dios no nos puede dejar ni abandonar.

Dios no puede volverse atrás en sus promesas.

Dios no nos quita lo que nos ha dado.

Dios no puede ser agradado sin fe.

Dios no puede ser derrotado.

Dios no es demasiado grande para nuestros problemas.

Dios no es demasiado pequeño para nuestros problemas.

Dios no puede hacer acepción de personas.

Dios no puede romper su pacto.

Dios no puede revocar su llamado.

Dios no puede ser injusto.

Dios no puede hacer nada contrario a las Escrituras.
Dios no puede bendecir una mentira.
Dios no puede amar el pecado.

Dios no le puede dar nada a una persona inconstante.
Dios no puede ser forzado a una situación imposible.
Dios no puede pasar por alto las alabanzas de su pueblo.

Dios no puede ser nuestro problema.
Dios no puede ser vencido por el mundo.
Dios no puede llegar tarde.

Dios no puede ser neutral.
Dios no puede ser débil.
Dios no puede bendecir la duda.

Dios no pude retener la sabiduría de aquellos que se la piden en fe.

No pase su vida de pie frente al mostrador de las quejas

CUANTO MÁS SE QUEJE, TANTO MENOS VA A OBTENER. La persona que siempre está encontrando faltas, muy pocas veces encuentra otra cosa. Por lo tanto, viva su vida como una exclamación, no como una explicación.

Una persona fracasada le dirá que el éxito no es otra cosa sino suerte. Los niños nacen optimistas y el mundo lentamente trata de reeducarlos para sacarlos de su «equivocación».

Una vida llena de quejas es igual a un gran surco. La única diferencia entre un surco y una tumba son sus medidas. Los que nunca tienen nada bueno que decir están siempre estancados.

Los hombres pequeños con imaginaciones pequeñas trotan a través de la vida en pequeños surcos, resistiendo con satisfacción todos los cambios que pudieran sacudir su pequeño mundo.

–Anónimo

Algunas de las personas más desilusionadas del mundo son las que reciben lo que llega a su camino.

Las cosas pequeñas siempre afectan a las mentes pequeñas. Algunas personas tienen la confianza de que podrían mover montañas si alguien más pudiera quitar del camino las colinas al pie de la montaña.

La desdicha nunca quiere estar sola. Los que se quejan atraen a otros que se quejan al tiempo que alejan a la gente positiva. Cuando Dios está listo para bendecirlo, Él no envía quejosos a su vida. Él envía a personas llenas de fe, poder y amor.

Cuando tenga ganas de quejarse, traiga a Dios en medio de su situación. Usted tiene que apagar Su luz para estar en la oscuridad: «Tú guardarás en completa paz a aquel cuyo pensamiento en ti persevera» (Isaías 26.3). ¿Es Dios su esperanza o su excusa? No permita que el cielo llegue a ser un mostrador donde se dan quejas.

De todas las palabras tristes dichas o escritas, las más tristes son: «Podría haber sido».
—JOHN GREENLEAF WHITTIER

No se queje. La rueda que hace más chirridos por lo general es reemplazada. Si usted se queja de otras personas, no tiene tiempo para amarlas. Cuando usted se queja, explica su dolor sin obtener nada positivo.

SI ARRANCA LOS BROTES, NO VA A TENER FRUTA

DIOS ES UN DIOS DE TIEMPOS. «Todo tiene su tiempo, y todo lo que se quiere debajo del cielo tiene su hora» (Eclesiastés 3.1). Cosas diferentes pasan durante tiempos diferentes.

Hay un *invierno* en Dios. Es una época de preparación, revelación y dirección. También es la época en que crecen las raíces. Dios quiere establecer el fundamento correcto en usted durante esta estación. Pero ahora no hay cosecha.

Hay una *primavera* en Dios. Es un tiempo para plantar, quitar malezas y nutrir. En otras palabras, trabajo duro. Dios quiere que usted trabaje su plan. Sin embargo, no hay cosecha en la primavera.

Hay un *verano* en Dios. El verano es un tiempo de gran crecimiento. Ahora es cuando la actividad, el interés y la gente comienzan a rodear su idea dada por Dios. Para toda la actividad que hay en el verano, la cosecha es mínima. Pero luego viene el otoño.

Este es el *tiempo de la cosecha* de Dios. Es durante este tiempo que se recoge la cosecha en una proporción más grande de lo que se empleó en el trabajo o la actividad. Pero la mayor parte de la gente no llega al otoño. A menudo abandonan el camino porque no sabían en qué estación o tiempo estaban.

Cuando usted entiende que Dios es un Dios de tiempos, de estaciones, lo prepara para hacer lo correcto en el tiempo correcto.

Lo inspira para perseverar hasta llegar al otoño. La Palabra de Dios es verdad:

> *No nos cansemos, pues, de hacer bien; porque a su tiempo segaremos, si no desmayamos.*
>
> –GÁLATAS 6.9

> *Era la primavera, pero yo quería el verano,*
>   *Los días cálidos para disfrutar afuera.*
> *Era el verano, pero yo quería el otoño,*
>   *Las hojas de diferentes colores y el aire fresco y seco.*
> *Era el otoño, pero yo quería el invierno,*
>   *La bella nieve y el gozo de los días feriados.*
> *Era niño, pero yo quería ser adulto,*
>   *La libertad y el respeto.*
> *Tenía 20 años, pero quería tener 30,*
>   *Ser maduro y sofisticado.*
> *Llegué a la madurez y quise tener 20 años,*
>   *La juventud y el espíritu libre.*
> *Me jubilé, pero quería llegar a la edad mediana,*
>   *La cordura, sin limitaciones.*
> *Mi vida se acabó,*
>   *Y nunca tuve lo que quise.*
>
> –JASON LEHMAN

«Usted crea una época de éxito cada vez que completa una instrucción de Dios» (Mike Murdock). Confíe en Dios para una buena cosecha, pero continúe usando el azadón.

> *Todo lo hizo hermoso en su tiempo.*
>
> –ECLESIASTÉS 3.11

Dios tiene el tiempo correcto y la estación o época correcta para usted.

HAGA MÁS...

HAGA MÁS QUE EXISTIR, VIVA.
Haga más que oír, escuche.
Haga más que estar de acuerdo, coopere.

Haga más que hablar, comuníquese.
Haga más que crecer, florezca.
Haga más que gastar, invierta.

Haga más que pensar, produzca.
Haga más que trabajar, destáquese.
Haga más que compartir, dé.

Haga más que decidir, discierna.
Haga más que considerar, comprométase.
Haga más que perdonar, olvide.

Haga más que ayudar, sirva.
Haga más que coexistir, reconcíliese.
Haga más que cantar, adore.

Haga más que pensar, planee.
Haga más que soñar, accione.
Haga más que ver, perciba.

Haga más que leer, aplique.

    Haga más que recibir, recompense.

        Haga más que elegir, enfóquese.

Haga más que desear, crea.

    Haga más que aconsejar, ayude.

        Haga más que hablar, imparta.

Haga más que alentar, inspire.

    Haga más que sumar, multiplique.

        Haga más que cambiar, mejore.

Haga más que alcanzar, haga un esfuerzo.

    Haga más que considerar, ore.

        Haga más que simplemente vivir, viva para Jesús.

Sólo las mentes que tienen hambre pueden crecer

¿SE HA DADO CUENTA DE QUE HAY PERSONAS que usted conoce que literalmente están en el mismo lugar hoy en el que estaban hace quince años? ¿Todavía tienen los mismos sueños, los mismos problemas, las mismas excusas, las mismas oportunidades y la misma forma de pensar? No están avanzando en la vida.

Es como si hubiesen desenchufado sus relojes a cierta altura en sus vidas y se han quedado fijos en ese momento. Sin embargo, la voluntad de Dios para nosotros es que crezcamos, que continuemos aprendiendo y mejorando. El lugar más grande que existe en nuestra vida es el lugar que tenemos para mejorar.

Un famoso adagio dice: «Lo que cuenta es lo que aprende después que sabe algo». Debo admitir que soy un poco fanático en cuanto a esto. Detesto desperdiciar el tiempo, tiempo en el que no estoy aprendiendo nada. Las personas cercanas a mí saben que siempre debo tener algo que leer o escribir durante los momentos en que no tengo nada que hacer. De hecho, trato de aprender de todo el mundo. De alguien tal vez aprenda lo que no hacer, mientras que de otro aprendo qué hacer. Aprenda de los errores de otras personas. Usted nunca puede vivir el tiempo suficiente como para cometer todos los errores por usted mismo. Puede aprender más de un hombre sabio que se equivoca que de un hombre necio que está en lo cierto.

Goethe dijo: «Todos quieren ser; nadie quiere crecer». Estoy de acuerdo con Van Crouch:

Nunca va a cambiar sus acciones hasta que no cambie de parecer.

Una manera importante de continuar su crecimiento es que nunca deje de formular preguntas. La persona que tiene miedo de preguntar tiene vergüenza de aprender. Las respuestas más importantes de la vida se pueden encontrar cuando se formulan las preguntas correctas.

Debemos aprender como si fuéramos a vivir para siempre y vivir como si fuéramos a morir mañana. Es cierto lo que dijo W. Fussellman: «Hoy un lector. Mañana un líder». Harvey Ullman observó:

Cualquier persona que deja de aprender es vieja ya sea que esto suceda a los 20 o a los 80 años. Cualquiera que continúa aprendiendo no sólo permanece joven, sino que se hace cada vez más valioso sin importar cuál sea su capacidad física.

A Timoteo se le dan estas instrucciones: «Procura con diligencia presentarte a Dios aprobado» (2 Timoteo 2.15). Es agradable continuar aprendiendo. El aprendizaje le da valor a su vida.

Aprenda de otras personas. Aprenda a ver en los desafíos de otros las cosas que debería evitar. La experiencia es una posesión presente que evita que repitamos el pasado en el futuro. La vida nos enseña dándonos nuevos problemas antes que hayamos resuelto los problemas viejos. ¿Cree usted que la educación es costosa o difícil? Escuche lo que dice Derek Bok:

Si usted cree que la educación es cara pruebe la ignorancia.

LA BÚSQUEDA
CAMBIA TODO

¿ESTÁ USTED TAMBALEÁNDOSE HACIA UN FUTURO INCIERTO? ¿O está listo de todo corazón para alcanzar su sueño? Hay ideas que valen un millón de dólares a su alrededor todos los días. ¿Puede verlas? Usted puede observar mil milagros todos los días, o tal vez no pueda ver ninguno. Su oportunidad más grande es en el lugar donde usted está ahora. Como dijera Earl Nightingale: «En este momento usted está de pie en el medio de sus *acres de diamantes*».

Hay una llave maestra que abre las posibilidades de la vida. Los sueños son buenos, pero no son lo suficientemente buenos. La fe es buena, pero no es lo suficientemente buena. Las metas son buenas, pero no son lo suficientemente buenas. Hay solamente una manera de probar su fe, sus sueños, sus metas... y la única manera es transformarlos en una realidad. *La búsqueda*.

Lo más importante que puede hacer en la vida es buscar un sueño digno de perseguir y cuando usted le da alcance, encuentre otro más grande. La búsqueda cambia todas las cosas. Cautiva su corazón, aumenta su entusiasmo, enfoca su foco y trae resultados sorprendentes.

Usted encontrará su felicidad en la búsqueda de sus sueños, no en alcanzarlos. Un estudio importante sobre sesenta y dos líderes de corporaciones alrededor del mundo, desde la Corporación Marriot hasta la Corporación Apple Computers, reveló que ni uno de esos líderes era un clásico adicto al trabajo como podríamos imaginar: severo, movido por sus impulsos, esclavizado al trabajo pero empujado a hacerlo de todos modos. En cambio, eran personas que amaban su trabajo. Les encantaba lo que hacían. La persecución apropiada les trajo gozo y éxito.

John Foster dijo: «Es muy vergonzoso no poder responder, con cierto grado de certeza, a las simples preguntas: "¿Qué va a ser usted?", "¿Qué hará usted?"» Charles Garfield agregó:

Las personas que consiguen los máximos logros son las que están comprometidas a una misión que las impulsa. Es muy claro que les importa mucho lo que hacen y a sus esfuerzos, energía y entusiasmo se les puede seguir la pista hacia atrás, a esa misión particular.

Usted no es verdaderamente libre hasta que no ha buscado activamente y ha sido capturado por la misión suprema de su vida.

Desdichadamente, la vida de la persona promedio consiste en que por sus primeros veinte años sus padres les pregunten dónde él o ella va, cuarenta años de tener un cónyuge que le formula la misma pregunta y al final, los dolientes en su velorio se formulan la misma pregunta. Martin Luther King, Jr. dijo:

Si un hombre no ha descubierto algo por lo que está dispuesto a morir, no está preparado para la vida.

El éxito siempre comienza con un sueño que parece imposible, pero cuando se persigue el sueño y se trabaja, gradualmente se logra a través del tiempo. Nada que valga la pena sucede de la noche a la mañana. El camino al éxito va cuesta arriba, así que no espere romper ningún récord de velocidad.

El éxito toma tiempo. Una vez que usted logra que su sueño comience a marchar, tiene que mantener el impulso. No se puede dar el lujo de detenerse a mitad del camino. Lo más difícil en cuanto a perseguir un sueño es hacerlo comenzar a avanzar cuando está detenido, sin movimiento. Usted, quiere hacer eso solamente una vez: la primera vez.

El mundo hace lugar para una persona que va en una búsqueda. Al igual que un camión de bomberos con las luces encendidas, o un automóvil de la policía sonando la sirena, tal vez la gente no sepa adónde va usted, pero saben que va a hacer algo importante. La persona tenaz siempre tiene tiempo y oportunidad. Que no lo encuentren en el patio de atrás buscando tréboles de cuatro hojas cuando la oportunidad está tocando a la puerta del frente.

Todas las mañanas en África, una gacela se despierta y sabe que debe correr más rápido que un león o este se la va a comer. Todas las mañanas en África, un león se despierta y sabe que debe correr más rápido que una gacela o se morirá de hambre. No importa si usted es un león o una gacela; cuando sale el sol, es mejor que esté corriendo.

Dentro de su corazón hay un león durmiente que ruge desde adentro hacia fuera, deseando con intensidad una búsqueda digna de ser colocada por Dios. Escoja estar en una misión.

Cuando usted descubre su misión, va a sentir las demandas de dicha misión. Va a estar lleno de entusiasmo y de un deseo ardiente de trabajar en ella.
—W. CLEMENT STONE

Las vidas exitosas son motivadas por búsquedas dinámicas.

Un hombre perezoso es juzgado por lo que no busca. Albert Hubert comentó: «Las personas que quieren leche no deberían sentarse en medio del campo en un banquito y esperar que la vaca llegue hasta ellos». La elección de detenerse o buscar es un momento decisivo en su vida.

Cuando una persona toma la decisión de buscar, los hechos no cuentan. El pasado no cuenta. Las probabilidades en su contra no cuentan. La única cosa que cuenta es el deseo de buscar.

No sé si a usted le sucede lo mismo, pero las flores llamadas dientes de león me persiguen. Me han seguido a todas las casas en que he vivido, a toda casa de la que he sido dueño. He aprendido algo muy importante en cuanto a esa molestosa pequeña maleza. Nuestra oración diaria debería ser: «Señor, dame la determinación y la tenacidad de una maleza».

Cave para encontrar diamantes, no persiga mariposas. La vida es demasiado corta como para tener pensamientos pequeños. Emprenda la búsqueda y luego marche por senderos no transitados. Vaya adonde nunca ha estado antes.

Nada trae más gozo al corazón de un líder, padre o cónyuge que ver a hombres y mujeres buscando, persiguiendo su propósito en la vida. ¡Ahora es el momento de bajarse de las gradas al campo de juego!

Bienvenido a la búsqueda.

Haga lo que otros dicen que no se puede hacer

EL ANFITRIÓN CONSERVADOR DE PROGRAMAS RADIALES Rush Limbaugh tiene un nombre muy bueno para su colección de corbatas extravagantes: *Sin límites*. Qué buen lema es este para vivir nuestras vidas. Deberíamos hacer las cosas que nos sacan de la zona en que funcionamos con comodidad. Sea como David. Encuentre un gigante y sáquelo del medio. Siempre busque un obstáculo lo suficientemente grande como para que haga una diferencia cuando lo vence.

Hasta que usted no se haya entregado a una causa grande, en realidad no ha comenzado a vivir a plenitud. Henry Miller comentó:

> *El hombre que busca seguridad, aun en su mente, es como un hombre que se cortaría los brazos y las piernas para tener miembros artificiales que nunca le produjeran dolor o problemas.*

Nunca nada significante es logrado por una persona totalmente realista.

La tradición no ofrece esperanza para el presente y no hace ningún preparativo para el futuro. Día por día, año por año, ensanche su horizonte. Rusell Davenport comentó:

*El progreso en todas las épocas ha resultado del hecho
de que hay algunos hombres y mujeres que se rehúsan
a creer que no se puede hacer lo que saben que es
correcto.*

Conozca las reglas y luego rompa algunas. Quítele la tapa al
frasco. Melvin Evans dijo:

*Los hombres que construyen el futuro son aquellos que
saben que las cosas más grandes todavía están por
venir y que ellos mismos ayudarán a que lleguen. El
brillante sol de la esperanza ilumina sus mentes.
Nunca se detienen para dudar, porque no tienen
tiempo.*

Involúcrese en algo más grande que usted. Todavía Dios no
ha tenido obreros que no estén calificados. «Nosotros somos los
cables, Dios es la corriente. Nuestro único poder consiste en
dejar que la corriente pase a través del cable» (Carlo Carretto).
Sea una mente a través de la cual Cristo piensa; un corazón a través del cual Cristo ama; una voz a través de la cual Cristo habla
y una mano con la cual Cristo ayuda.

Si en realidad usted quiere defender lo que cree, vívalo.
Dorothea Brand declaró:

*Todo lo que se necesita para romper el hechizo de la
inercia y la frustración es esto: actúe como si fuera
imposible fracasar.*

Haga un cambio de ciento ochenta grados que lo lleve del
fracaso al éxito. Uno de los placeres más grandes que puede descubrir es hacer lo que la gente dice que usted no puede hacer.

CONOZCA SUS LIMITACIONES
Y LUEGO ¡IGNÓRELAS!

DE NUEVO LE DIGO, LA VIDA ES DEMASIADO CORTA para pensar pensamientos pequeños. Más bien, haga lo que Joel Budd nos anima a hacer: «Marche por caminos desconocidos». La mayoría de la gente podría hacer más de lo que creen que pueden hacer, pero por lo general hacen menos. Usted nunca sabe lo que no puede hacer hasta que trata. Estoy de acuerdo con Oscar Wilde en lo siguiente:

La moderación es una cosa fatal.
Nada tiene tanto éxito como el exceso.

Todo es posible. Nunca use la palabra «nunca». Charles Schwaab dijo: «Cuando un hombre pone un límite en lo que hará, ha puesto un límite en lo que puede hacer».

J. A. Homes aconsejó:

Nunca le diga a una persona joven que algo no se puede hacer. Tal vez Dios ha estado esperando por siglos que alguien, con la suficiente ignorancia de lo imposible, hiciera eso.

Si *usted* le quita valor a sus sueños, puede estar seguro de que el mundo no va a elevar el precio. Usted encontrará que los grandes líderes muy pocas veces son realistas de acuerdo a las normas de otras personas.

La respuesta a su futuro yace fuera de los confines que usted tiene ahora mismo. Si quiere ver si en realidad puede nadar, no se frustre con las aguas bajas. Cavett Robert dijo:

Cualquier hombre que seleccione una meta en la vida que puede ser completamente lograda, ya ha definido sus propias limitaciones.

En cambio, siga el consejo de Art Sepúlveda: «Sea una persona que hace historia y que conmueve al mundo». Vaya a donde nunca ha ido antes.

Ronald McNair dice: «Usted sólo llega a ser un ganador si está dispuesto a ponerse en una situación peligrosa». Fíjese en la perspectiva de Randy Loescher: «Dios dice: "Pídeme la montaña"». La Biblia dice: «Lo que es imposible para los hombres, es posible para Dios» (Lucas 18.27).

Cuando usted se sube al árbol más alto, ha ganado el derecho a la mejor fruta. Dag Hammarskjöld reflexionó: «¿Es la vida tan desdichada? ¿O es más bien que sus manos son demasiado pequeñas, o es su visión la que está empañada? Usted es el que debe crecer». Gloria Swanson dijo: «Nunca diga nunca. Nunca es una cosa que dura mucho y en la cual no se puede depender y la vida está demasiado llena de ricas posibilidades para que se le pongan restricciones».

Creer que una idea es imposible es hacerla imposible. Considere cuántos proyectos fantásticos se han dañado debido a pensamientos pequeños o han sido ahogados cuando nacieron debido a una imaginación cobarde. Me gusta lo que dijo Gabriel Victor Mirabeau cuando escuchó la palabra «imposible»: «No quiero oír nunca más esa necia palabra de nuevo».

Pearl Buck amonestó: «Todas las cosas son posibles hasta que prueban ser imposibles y aun lo imposible pudiera ser imposible a partir de este momento». John Ruskin dijo:

Sueñe sueños altos y mientras sueña, será elevado. Su visión es la promesa de lo que se revelará al final.

Siempre hay alguien haciendo lo que alguien más dijo que no se podía hacer. Atrévase a pensar pensamientos impensables.

Desarrolle una capacidad infinita para pasar por alto lo que otras personas creen que no se puede hacer. No crezca simplemente donde ha sido plantado. Florezca donde ha sido plantado y lleve fruto. El famoso dicho es cierto: «Siempre hay lugar en la cima».

Nadie puede predecir hasta qué alturas va a volar. Aun usted mismo no sabrá hasta que pruebe sus alas.

Spirella escribió:

No hay emoción alguna en una navegación fácil
cuando los cielos son claros y azules;
no hay gozo en simplemente hacer las cosas
que cualquier persona puede hacer.
Pero hay una satisfacción
que es muy dulce de probar,
cuando usted llega a un lugar
que creyó que nunca podría alcanzar.

Nuestro lema diario: «Señor, dame la determinación y la tenacidad de una maleza»

TODOS LOS GRANDES LOGROS REQUIEREN TIEMPO Y TENACIDAD. Persevere, porque tal vez la última llave del llavero sea la que abre la puerta. Durar un segundo más que sus competidores es lo que hace que usted gane. Hágase famoso por terminar tareas difíciles e importantes.

Se dice que el gran roble es sólo una pequeña nuez que resistió.

> *Porque esta leve tribulación momentánea produce en nosotros un cada vez más excelente y eterno peso de gloria.*
> *–2 Corintios 4.17*

Demasiadas personas aprovechan una oportunidad pero la dejan ir demasiado pronto.

Don B. Owens Jr. lo dijo muy bien:

> *Muchas personas fracasan en la vida porque creen en el adagio que dice: «Si no tiene éxito, trate algo diferente». Pero el éxito elude a los que siguen este consejo. Los sueños que se hicieron realidad fueron porque la gente siguió fiel a sus ambiciones. Se rehusaron a ser desanimados. Nunca permitieron que la desilusión fuera la que ganara. Los desafíos sólo los inspiraron a realizar esfuerzos mayores.*

Usted será juzgado por lo que termina, no por lo que comienza. Si no ve resultados enseguida, no se preocupe. Dios no paga por semana, Él paga al final.

«La recompensa de los que perseveran excede de lejos el dolor que debe preceder a la victoria» (Ted Engstrom). Dios no recompensa el éxito sino la fidelidad en hacer su voluntad.

Si alguna vez se siente tentado a dejar de hacer algo, piense en Johannes Brahms, a quien le tomó siete años componer su famosa canción de cuna porque se quedaba dormido en el piano. Esto es solo una broma, pero en realidad le tomó siete años componer esa música. Estoy de acuerdo con Woodrow Wilson:

> *Prefiero fracasar en algo que finalmente va a tener éxito que tener éxito en algo que finalmente fracasará.*

Como hemos visto, noventa por ciento de los fracasos resultan de personas que abandonan con demasiada rapidez. Se requiere el martillo del empeño, de la persistencia para clavar el clavo del éxito. Muchas personas que fracasan no se dieron cuenta de lo cerca que estaban del éxito cuando se rindieron.

> *Cuando se encuentra en un lugar difícil y todo está en su contra, hasta que parece que no puede resistir ni un minuto más, nunca desista, porque ese es el momento y el lugar en que va a cambiar la marea.*
> –Harriet Beecher Stowe

Cuando las aguas están menguando es cuando cambia la marea.

Usted siempre descubre oportunidades cuando aplica la persistencia a las posibilidades. Cuando se estudia el significado de la raíz de la palabra éxito, verá que simplemente significa perseverar y terminar algo. Todo diamante le dirá que era un pedazo de carbón que continuó con su trabajo y surgió bajo presión.

De nuevo, el camino al éxito es cuesta arriba, así que no anticipe una carrera a toda velocidad. La impaciencia es costosa. Los errores más grandes suceden por causa de la impaciencia. La mayor parte de las personas fracasan porque son impacientes y no pueden conectar el principio con el fin. Es preciso que continúe haciendo la voluntad de Dios con paciencia si quiere que Él haga a través de usted todo lo que ha prometido.

El poder de resistir a pesar de todo, de no dejarse caer es una cualidad de los ganadores. Resistir es más importante que atreverse a hacer algo. La diferencia entre hacer lo imposible y lo posible radica simplemente en la determinación de una persona.

Si el zapato le queda bien, no lo use

NO SUCEDE A MENUDO, pero mientras estaba escribiendo *Suéltese de lo que lo detiene*, me desperté a mitad de la noche con un pensamiento que creo que vino del Señor: *No vivas dentro de tus medios.*

Aun cuando eran las 4:30 de la madrugada, me sentí tan entusiasmado que desperté a mi esposa y comencé a contarle esto durante varios minutos. (Ella me dijo que la idea era fantástica pero que necesitaba dormir.)

¿Qué es lo que creo que Dios quiere decir cuando dice: «No vivas dentro de tus medios»? Creo que Él quiere que actuemos con más grandeza, creer más y asociarnos en forma más elevada. Su perspectiva determina su resultado. Por lo tanto, haga GRANDES planes.

No lo estoy alentado para que actúe locamente, que no tenga límites, o que sea imprudente. Ciertamente debemos gastar dentro de nuestros medios; pero no vivir allí. Hable con personas que son más inteligentes que usted. Formule preguntas a aquellos que tienen más éxito que usted. Deles una mano a aquellos que son menos afortunados que usted. No se quede en el lugar en que está.

Creo sinceramente que muchas personas que dicen que son austeras, en realidad no lo son. Más bien, están llenas de temor. La calificación de austeridad, equilibrio o moderación es a menudo una máscara para cubrir un temor profundamente arraigado en sus vidas.

No haga planes tan estrictos para los tiempos malos que no le permita disfrutar la luz del sol hoy. Abandone por completo la búsqueda de ser libre de riesgos: «Sólo los inseguros tratan de lograr la seguridad» (Wayne Dyer).

Sin tener en cuenta el nivel de su habilidad, a usted le han dado un potencial mayor del que puede usar en su vida. No deje que su futuro sea el tiempo en que hubiera deseado haber hecho lo que no está haciendo ahora. Es preciso que tenga un sueño para lograr que un sueño se haga realidad.

Cuando vive solamente dentro de sus medios, no está viviendo por fe. Si no está viviendo en un plano alto de fe, no está agradando a Dios, porque «sin fe es imposible agradar a Dios» (Hebreos 11.6). A la persona que Dios llama, la equipa y la unge para hacer la tarea.

Si el zapato le queda bien, no lo use. Si lo hace, no está dejando lugar para el crecimiento. Webster supo la ineficacia de «vivir dentro de sus medios». Cuando usted mira el significado de la palabra *medios* en su diccionario, entre muchas definiciones y explicaciones, le dice que vea la palabra *promedio*. Cuando usted decide vivir dentro de sus medios, está decidiendo vivir una vida promedio.

ESPERE ALGO DE LA NADA

«LA FE ES PONER TODOS LOS HUEVOS EN LA CANASTA DE DIOS y luego contar sus bendiciones antes que los huevos empollen» (Ramona Carol). Y quiero agregar, no se preocupe por que Dios los pueda dejar caer. La fe es la fuerza que impulsa a una vida plena. Creo que la causa principal de la infelicidad en el mundo hoy día es la falta de fe.

Corrie ten Boom dijo: «La fe es como un radar que ve a través de la niebla la realidad de las cosas a una distancia que el ojo humano no puede ver». La fe ve lo invisible, cree lo increíble y recibe lo imposible. En 2 Corintios 5.7, la Biblia nos desafía a andar por fe, no por vista.

Así que, ¿qué es la fe? John Spaulding dijo: «Su fe es lo que usted cree, no lo que sabe». Alexis Carrel observa: «Es la fe, no la razón, la que impulsa a los hombres a la acción. La inteligencia está satisfecha con señalar el camino, pero nunca le conduce a lo largo de él». También estoy de acuerdo con Blaise Pascal:

La fe es una guía mejor que la razón. La razón sólo puede ir hasta cierto punto, pero la fe no tiene límites.

La fe hace surgir lo milagroso; es el camino a la influencia divina de Dios. Tommy Barnett aconseja: «La fe es simplemente cuando usted trae a Dios a la situación». ¿Y dónde encontramos a Dios?

*Dios nos encuentra en el nivel en que estamos, no en
el nivel que esperamos.*

–GORDON ROBINSON

A veces la fe es creer lo que ve que no es. Es por eso que la
Biblia dice: «Es, pues, la fe es la certeza de lo que se espera, la
convicción de lo que no se ve» (Hebreos 11.1).

Ponga a trabajar la fe cuando le sería más fácil dudar. La fe
es el ancla del alma, el estímulo a la acción y el incentivo a los
logros. La fe nunca le abandona; sólo usted puede abandonar la
fe. Solamente la fe puede guiar con certeza su vida. La fe nos da
el valor para enfrentar el presente con confianza y el futuro con
expectación. Por lo general, lo que causa que nos detengamos o
que nos quejemos no es que nuestros problemas sean muy grandes, sino que nuestra fe es muy pequeña.

La fe mantiene al hombre que mantiene la fe. Nadie puede
vivir dudando cuando ha orado en fe. La fe o mueve montañas,
o abre túneles a través de ellas. San Agustín dijo: «Fe es creer lo
que no vemos; y la recompensa de esta fe es ver lo que creemos».

*Toda la resistencia y la fuerza de un hombre vienen
de su fe en las cosas que no se ven. El que cree es fuerte; el que duda es débil. Las convicciones fuertes prece-
den a las grandes acciones.*

–J. F. CLARKE

La fe es necesaria para tener éxito. George Spaulding advirtió: «La vida sin fe en algo es un lugar demasiado angosto para
vivir en él». Si vive sin fe se va a sentir limitado toda la vida.

A medida que su fe crece, va a encontrar que ya no necesita
controlar las cosas. Las cosas van a fluir según la voluntad de
Dios y usted podrá fluir con ellas para obtener mayor felicidad y
beneficios. Colin Hightower nos dio estas palabras de aliento:
«La fe es construir en lo que usted sabe que está aquí, para poder
alcanzar lo que sabe que está allá». Escuche lo que dijo Franklin
Roosevelt:

El único límite a nuestra realización de mañana será nuestra duda de hoy.

Avancemos con una fe más fuerte y más activa.

Las promesas no cumplidas causan los accidentes más grandes del mundo

USTED NO PUEDE LOGRAR QUE FUNCIONE LO QUE ESTÁ MAL. Thomas Jefferson declaró: «La honestidad es el primer capítulo del libro de la sabiduría». Nunca persiga una mentira: Si usted la deja sola, va a morir por su propio peso. Todo lo que usted le agrege a la verdad, inevitablemente lo sustrae de ella. Es desalentador pensar que la gente de hoy en día se sorprende más por la honestidad que por el engaño.

> *Aquellos que piensan que es permisible decir «mentiras piadosas», muy pronto se encuentran en que no pueden distinguir la mentira de la verdad.*
> —Awson O'Malley

Con cada mentira, nos castigamos a nosotros mismos y nos recompensamos con cada acción correcta. Una mentira va a empeorar sus problemas, le quitará energía, multiplicará sus dificultades y dividirá su efectividad.

> *La verdad siempre es fuerte, sin tener en cuenta lo débil que pueda parecer, y la falsedad siempre es débil, no importa lo fuerte que parezca.*
> —Marco Antonio

Nunca vea nada en forma positiva, si eso hace que no cumpla con su palabra. Haga que su palabra sea su contrato.

En la guerra entre la falsedad y la verdad, la falsedad tal vez gane la primera batalla, pero la verdad gana la guerra. «Si vivimos en la verdad, viviremos verdaderamente», dijo Ralph Waldo Emerson. Los mentirosos no son libres. Horace Greeley observó:

La hora más oscura de un hombre es cuando se sienta a hacer planes sobre cómo conseguir dinero sin ganárselo.

El libro de Proverbios lo dice mejor: «Las riquezas deshonestas no duran, así qué, ¿por qué arriesgarse?» La sinceridad siempre dura más. Una mentira nunca tiene larga vida.

«Hace toda la diferencia del mundo el hecho de que pongamos la verdad en primer lugar o que la pongamos en segundo lugar» (John Morley). Tan escasa como es la verdad, siempre hay más verdad en existencia que la demanda. El mal es mal no importa quién lo haga o lo diga. La verdad no deja de existir porque sea pasada por alto y no cambia aunque no sea creída por la mayoría parte de la gente. La verdad es siempre el argumento más fuerte.

La verdad existe; solamente las mentiras son creadas. La verdad brilla en la oscuridad:

Entre la virtud y el vicio no existe un instante de verdad. La bondad es la única inversión que nunca fracasa.

–Henry David Thoreau

La verdad no necesita muletas. Si cojea, es una mentira. «Usted verá que la vida es una batalla cuesta arriba para la persona que no es honesta» (Joan Welsh).

«Si usted continúa haciendo lo que es correcto, lo que es malo y los que son malos finalmente saldrán de su vida» (David Blunt). Un hombre de negocios tenía un membrete en su papel de escribir cartas que decía: «El bien es bien, aunque todos estén contra él y el mal es mal aunque todos estén a favor de él».

Considere las palabras de John Wesley:

Haga todo el bien que pueda,
 de todas las formas que pueda,
en todos los lugares que pueda,
 a toda hora que pueda,
a toda la gente que pueda,
 por todo el tiempo como pueda.

Statu quo (expresión latina para decir «el lío en que estamos»)

CAMBIO. ESPERO QUE ESTA PALABRA no lo asuste, sino que más bien le inspire. Escuche la definición de Herbert Spencer:

Una cosa viva se diferencia de una cosa muerta por la cantidad de cambios que ocurren en ella.

El cambio es una evidencia de que hay vida. Es imposible crecer si no hay cambio. Las personas que no pueden cambiar de idea no pueden cambiar nada. La verdad es que la vida siempre está en algún punto de cambio.

Lo que la gente quiere es progreso; siempre y cuando lo puedan tener sin cambio. ¡Eso es imposible! Usted debe cambiar y debe reconocer que el cambio es su mayor aliado. La persona que nunca cambia de opinión, nunca rectifica sus errores. La verdad es que el camino al éxito está siempre en construcción.

La fórmula del éxito de ayer a menudo es la fórmula del fracaso de mañana. Considere lo que dijo una vez Thomas Watson, el fundador de la Compañía IBM: «Hay un mercado mundial para unas cinco computadoras». ¿Dónde estaría la IBM hoy si el señor Watson no hubiera estado dispuesto a cambiar?

Usted no puede llegar a ser lo que ha sido destinado a ser si permanece donde está. John Patterson reflexionó:

Sólo los necios y los muertos no cambian de opinión. Los necios no lo harán. Los muertos no lo pueden hacer.

Si usted no respeta la necesidad de cambio, considere lo siguiente: ¿Cuántas cosas ha visto que han cambiado en el transcurso del último año? Cuando usted se cambia a sí mismo, las oportunidades van a cambiar. La misma forma de pensar que lo ha traído al lugar donde está ahora no necesariamente lo va llevar a donde quiere ir. Sante Boeve descubrió esta verdad:

Hay personas cuyo reloj se detiene a una cierta hora y que se quedan en forma permanente en esa edad.

No le tema al cambio, porque es una ley incambiable de progreso. El hombre que usa los métodos de ayer en el mundo de hoy no va a estar negociando mañana. Una persona tradicional es simplemente alguien cuya mente está abierta a ideas nuevas, siempre y cuando sean las mismas ideas viejas.

Hay personas que no sólo luchan para permanecer estáticas, sino que luchan para que todo esté así. Su posición es casi absurdamente sin esperanza.

–Odell Shepard

Mignon McLaughlin dijo: «La gente menos feliz es la que teme más el cambio». Cuando se rompen los patrones y las tradiciones, emergen nuevas oportunidades. Cuando usted defiende sus faltas y errores está probando que no los quiere dejar. Todo el progreso se debe a aquellos que no estuvieron satisfechos con dejar todo como está. No tuvieron miedo de cambiar. El cambio no es su enemigo, es su amigo.

Usted no puede avanzar cuando está tratando de desquitarse

Nunca corte lo que puede ser desatado.
–Joseph Joubert

Cuando le han hecho mal, la mejor respuesta es la mala memoria. Nunca guarde rencor. Cuando está luchando bajo el peso de su rencor, la persona con la cual usted está enojado está siendo productiva.

Perdone a sus enemigos, nada los molesta más que eso. La venganza más dulce es el perdón. De las únicas personas que usted debería tratar de «desquitarse» es de las que lo han ayudado.

«El perdón debería ser como un pagaré cancelado; que se rompe en dos pedazos y se quema, para que así nunca pueda ser presentado otra vez contra alguien» (Henry Ward Beecher). Una de las matores fortalezas que puede demostrar es cuando rechaza la venganza y se atreve a perdonar una herida.

La persona que no puede perdonar quema el puente sobre el cual un día puede necesitar pasar.
–Larry Bielat

La fórmula garantizada para limitar su potencial es no perdonar. El odio, la amargura y la venganza son lujos que usted no se puede dar.

Las personas necesitan que las amen más cuando menos lo merecen. El perdón sana, la falta de perdón hiere. Cuando pensamos en las ofensas, aumentan los problemas; cuando perdonamos, los problemas se van.

Perdonar a los demás nos trae la afirmación del perdón de Dios hacia nosotros. En Mateo 6.14-15, Jesús dijo:

> *Si perdonáis a los hombres sus ofensas, os perdonará también a vosotros vuestro Padre celestial; mas si no perdonáis a los hombres sus ofensas, tampoco vuestro Padre os perdonará vuestras ofensas.*

El peso de no perdonar arrastra a la persona hacia abajo. Es un peso tremendo para cargar en la carrera que Dios nos ha llamado a correr.

Cuando se enfrente con la necesidad de perdonar y olvidar, nunca se excuse con estas palabras: «¡Pero usted no sabe lo que él o ella me hizo!» Tal vez eso sea verdad, pero es más importante saber lo que le hará a usted el no perdonar.

Lo que en realidad importa es lo que sucede *en* nosotros, no lo que nos sucede *a* nosotros. La falta de perdón lleva a la amargura, la cual es una forma mortal de usar la creatividad que nos ha dado Dios. Se usa una gran cantidad de «cerebro» cuando se medita en una situación negativa y se trama cómo desquitarse. Esta clase de pensamiento es totalmente improductiva. La gente que quema puentes va a estar sola y aislada, y va a enfrentarse a enemigos y a personas neutrales el resto de su vida. Es por eso que debemos construir puentes, no quemarlos.

La venganza es una acompañante muy inapropiada. Todos los creyentes son llamados a un ministerio de reconciliación (2 Corintios 5.18). El desquitarse siempre causa desequilibrio y desdicha.

Cuando usted no perdona, está pasando por alto el impacto que esto tiene en su destino:

> *El odio es una forma prolongada de suicidio.*
> –DOUGLAS V. STEERE

¡Cuánto más dolorosas son las consecuencias de no perdonar que las causas por las cuales no perdonamos! Norman Cousins resumió esto muy bien cuando dijo: «La vida es una aventura en perdonar».

Es verdad que el que perdona termina la pelea. Darle unas palmaditas en la espalda a una persona es la mejor manera de demostrar que no se está amargado. Perdone a sus enemigos; es la única forma que usted tiene de «desquitarse».

El perdón evita el estrago que hace el enojo, el alto costo del odio y el mal uso de energía. Hay dos marcas de grandeza: el dar y el perdonar.

Si usted quiere ser desdichado, odie a alguien. El no perdonar hace mucho más daño al vaso que lo contiene que al recipiente en el cual se vierte.

Todas las personas deberían tener un lote especial de cementerio en el cual enterrar las faltas de sus amigos y seres queridos. Cuando usted perdona pone en libertad a un prisionero y descubre que el prisionero era usted.

–AUTOR DESCONOCIDO

SI LA ENVIDIA TUVIERA FORMA, SERÍA LA DE UN BUMERÁN

LA ENVIDIA ES LA MÁS RIDÍCULA DE TODAS LAS IDEAS, porque no se puede sacar ni una sola ventaja de ella. Un antiguo adagio dice: «Cuando usted compara lo que quiere con lo que tiene, va a ser desdichado. En cambio, compare lo que merece con lo que tiene y va a descubrir la felicidad». Lo que causa tantos problemas no es tratar de tener todo lo que tiene su vecino, es tratar de sobrepasarlo. Washington Allston reflexionó:

> *La única competencia digna de un hombre es consigo mismo.*

Nada lo va a atrasar más que cuando trata de mantenerse al nivel de las personas que han llegado allí.

Si la envidia fuera una enfermedad, la mayoría de la gente estaría enferma. Frances Bacon observó: «La envidia no tiene días feriados. No descansa». La envidia que nos compara a otras personas es necedad.

> *Pero ellos, midiéndose a sí mismos por sí mismos, y comparándose consigo mismos, no son juiciosos.*
> –2 CORINTIOS 10.12

Jesús nos advierte: «No juzguéis, para que no seáis juzgados» (Mateo 7.1). La envidia es una de las formas más sutiles de juzgar a los demás. Richard Evans dijo: «Nunca permitamos que las cosas que no podemos tener o no tenemos, echen a perder que disfrutemos lo que tenemos o podemos tener». Lo que hace que estemos descontentos con nuestra condición personal es la creencia absurda de que otras personas son mucho más felices que nosotros. Thomas Fuller advirtió: «La comparación, más que la realidad, hace que los hombres sean felices o desdichados». Helen Keller aconsejó:

> *En lugar de comparar nuestra situación con la de aquellos que son más afortunados que nosotros, la deberíamos comparar con la situación de la gran mayoría de nuestros semejantes. Entonces veremos que estamos entre los privilegiados.*

Lo único que consume la envidia es el propio corazón de ella. Es una clase de admiración hacia aquellos a quienes usted menos quiere alabar.

Un proverbio irlandés dice: «Usted tiene que crecer por sí mismo, no importa lo alto que haya sido su abuelo». Encontrará que es difícil ser más feliz que otros si cree que ellos son más felices que usted. Cuando piensa en otros todo el día, el resultado será una visión distorsionada de usted y de ellos. Lo que usted está haciendo parece más pequeño; lo que ellos están haciendo parece más grande. Ellos parecen ser más felices, lo que lo entristece a usted. Ellos se ven perfectos y lo único que puede ver son sus propios problemas. Cuando usted está verde de envidia, está maduro para las dificultades.

Juan Crisóstomo dijo: «De la misma manera que una polilla destroza una prenda de vestir, así la envidia consume a un hombre». La envidia produce el barro que el fracaso arroja al éxito. Hay muchos caminos que llevan a una vida sin éxito, pero la envidia se encuentra entre los más cortos.

ORE HASTA QUE HAYA ORADO

COSAS SORPRENDENTES COMIENZAN A SUCEDER cuando usted comienza a orar. Irrumpen en el escenario la dirección, la paz, el amor y el perdón. El tiempo que se pasa en oración nunca es tiempo perdido. Charles Spurgeon enseñó: «Algunas veces creemos que estamos demasiado ocupados como para orar. Ese es un gran error, porque orar nos ahorra mucho tiempo». A. J. Gordon agregó:

Usted puede hacer más que orar después que ha orado, pero no puede hacer más que orar hasta *que haya orado.*

«Las mejores oraciones a menudo tienen más gemidos que palabras» (John Bunyan). Experimenté esto cuando tenía muchas necesidades apremiantes a mi alrededor. Con toda sinceridad, había llegado a un punto en el que casi no podía orar por mis necesidades porque eran demasiadas. La única oración que pude musitar fue «¡Ayúdame!» y recuerdo habérsela ofrecido a Dios apasionadamente más de treinta veces hasta que experimenté una brecha en mi situación.

El libro de los Salmos declara: «Oh Jehová... está atento a mi clamor» (Salmo 17.1). Una de las oraciones más inteligentes que he orado fue: «¡Ayúdame!» Cuando expresé esa palabra, le comuniqué a Dios todas mis preocupaciones sin tener que decir nada más. Cuando usted da un paso hacia Dios, Él va a tomar más pasos hacia usted de los que usted puede contar. Él se movió para suplir mis necesidades y se moverá para suplir sus necesidades.

La oración prueba que usted confía en Dios. Oswald Chambers dijo: «Nosotros miramos a la oración como un medio de conseguir cosas para nosotros mismos; la idea que tiene la Biblia sobre la oración es que podamos llegar a conocer a Dios mismo». Siga el consejo de Dwight L. Moody:

> *Coloque sus peticiones delante de Dios y luego diga: «Sea hecha tu voluntad y no la mía». La lección más dulce que he aprendido en la escuela de Dios es dejar que el Señor escoja lo que quiere para mí.*

Ore profundamente antes de que se encuentre en un hoyo profundo.

Las oraciones no pueden ser contestadas hasta que han sido oradas. Nada significativo sucede hasta que usted ore. Ore hasta que haya orado! F. M Meyer se lamentó: «La tragedia más grande de la vida no es la oración no contestada, es la oración *no orada*». Escuche las palabras de aliento de Byron Edwards: «La oración verdadera siempre recibe lo que pide… o algo mejor». Las respuestas de Dios son más sabias que las de nosotros. Como observara Ann Lewis:

> *Hay cuatro maneras en las que Dios responde a la oración: no, no todavía; no, te amo demasiado para eso; sí, pensé que nunca lo pedirías; sí y he aquí más.*

«Cada vez que oramos, se altera nuestro horizonte, nuestra actitud para cambiar se altera, no algunas veces, sino todas las veces. Lo sorprendente es que no oremos más» (Oswald Chambers). Desdichadamente, nada es discutido más y practicado menos que la oración. Ore fijando los ojos en Dios, no en sus problemas. Martín Lutero expresó: «Cuando menos oro, tanto más difícil se me hacen las cosas; cuanto más oro, tanto mejor se vuelve todo». El doblar las rodillas con frecuencia lo va a mantener en una buena posición con Dios.

Margaret Gibb dijo: «Debemos movernos de pedirle a Dios que arregle las cosas que nos hacen doler el corazón, a orar sobre las cosas que le hacen doler el corazón a Él». He descubierto que es imposible ser pesimista y orar al mismo tiempo. Considere las palabras de E. M. Bounds: «La oración es nuestra arma más poderosa; la cosa que hace que todo lo demás que hagamos sea eficaz».

Mark Littleton aconseja: «Convierta sus dudas en preguntas; convierta sus preguntas en oraciones; hágale las oraciones a Dios». Cuando usted ora pidiendo victoria, Dios le va a dar una estrategia. Phillips Books dijo: «La oración no es conquistar la renuencia de Dios, sino que es apoderarse de su disposición». La oración no es un aparatito que usamos cuando ninguna otra cosa resulta. Estoy de acuerdo con O. Hallesby:

> *Comience a darse cuenta más y más, que la oración es la cosa más importante que usted hace. La mejor manera en que puede usar su tiempo es orar cada vez que tenga la oportunidad de hacerlo ya sea solo o con otras personas; mientras trabaja, mientras descansa, o mientras camina por la calle. ¡En cualquier lugar!*

TENGA...

TENGA...

... la paz que sobrepasa todo entendimiento

... la esperanza que mantiene su corazón esperando algo bueno

... la suficiente fortaleza como para luchar con los obstáculos y vencerlos

... la suficiente dedicación como para no rendirse demasiado pronto

... la fe suficiente como para agradar a Dios

... la buena disposición como para disfrutar todos los aspectos de la vida

... la suficiente paciencia como para dejar que la fe complete su obra en usted

... el amor suficiente como para dárselo a aquellos que menos lo merecen pero que más lo necesitan

... el enfoque suficiente como para decir no a menudo a las buenas ideas

... la disposición de perdonar y no dejar que el sol se oculte mientras usted está enojado

... la suficiente sinceridad como para nunca tener que recordar lo que dijo

... el carácter que haga a la luz lo que haría en la oscuridad

... el agradecimiento para decir «gracias» por las cosas pequeñas

... el suficiente propósito como para saber *por qué* y no solamente *cómo*

... la perseverancia que requiere correr toda la carrera que ha sido puesta delante de usted

... la sabiduría que es necesaria para temer y obedecer a Dios

... la responsabilidad que se requiere para ser la persona más responsable que conoce

... la confianza para saber que usted y Dios forman la mayoría

... la bondad suficiente como para compartir lo que tiene y lo que es con otras personas

... la misericordia para perdonar y olvidar

... la devoción que se necesita para hacer las cosas correctas todos los días

... el valor para enfrentar y luchar contra cualquier oposición a lo que usted sabe que es correcto.

... el optimismo de saber que los planes de Dios son bendecidos

... la confianza de saber que Dios dirigirá sus pasos

... la expectación de estar a la espera de milagros todos los días

... el entusiasmo de demostrar que Dios está en usted

... la obediencia que se necesita para hacer lo correcto sin pensarlo dos veces

... el sentido de dirección para saber cuándo y a dónde ir

... el conocimiento suficiente como para que su mente sea renovada en forma continua

... la credibilidad que cause que otros quieran trabajar con usted

... la generosidad de dar antes que le pidan

... la compasión para conmoverse por las necesidades de otros

... la lealtad que se requiere para estar comprometido con otras personas

... la dependencia que es necesaria para saber que necesita a Dios.

La pasión es lo que enciende su fusible

DIOS HA COLOCADO DENTRO DE CADA PERSONA el potencial de ser apasionada. Un individuo con pasión es más grande que los noventa y nueve pasivos que sólo tienen interés en un asunto. Demasiadas personas sólo se sienten intrigadas por su destino. En Eclesiastés 9.10 leemos:

Todo lo que te viniere a la mano para hacer, hazlo según tus fuerzas.

Todo el mundo ama algo. Somos formados y estamos motivados por lo que amamos; es nuestra pasión. Si usted pasa por alto lo que le apasiona, pasa por alto una parte del potencial que Dios ha puesto dentro de usted. Deténgase y piense en lo que capta su atención, lo apasiona, le produce enojo, le hace decir palabras fuertes y causa que usted haga algo determinado.

Sin entusiasmo nunca se ha logrado nada que tenga significado. Jesús fue un hombre apasionado. Él murió por nosotros porque amaba a su Padre y a nosotros con pasión.

La mayoría de los ganadores son ex perdedores que actuaron con pasión. Cuando usted le agrega pasión/emoción a su creencia, se convertirá en convicción. Y hay una diferencia enorme entre una creencia y una convicción. Cuando usted es impulsado por una convicción apasionada, puede hacer cualquier cosa que quiera con su vida, excepto dejar de hacer algo que es importante para usted. Mi amigo Mike Murdock dijo:

Lo que genera pasión y fervor en usted es una clave para revelar su destino. Lo que usted ama es una clave para algo que hay dentro de usted.

Cumplir el plan de Dios es una idea apasionada o no es nada. «[Sirve] a Jehová tu Dios con todo tu corazón y con toda tu alma» (Deuteronomio 10.12).

Sin pasión el hombre es sólo una fuerza latente y una posibilidad, como el pedernal que espera el choque del hierro antes de poder producir una chispa.
—Henri Frederic Ameil

«Hay muchas cosas que pueden llamarme la atención, pero hay muy pocas que cautivan mi corazón... Son estas las que intento perseguir» (Tim Redmond). La peor bancarrota del mundo es el hombre que ha perdido su entusiasmo. Primero debe ser un creyente si quiere ser alguien que obtiene logros.

La impaciencia produce grandes dolores

«LOS TIEMPOS HAN CAMBIADO TANTO», le dijo un pasajero de un avión a la persona que estaba sentada a su lado. «Cuando era niño acostumbraba a sentarme en un bote de remos de fondo plano en el lago que está allá abajo. Cada vez que un avión volaba encima, miraba hacia arriba y deseaba haber estado en el avión. Ahora miro hacia abajo y desearía estar pescando».

Estar en el lugar correcto en el tiempo correcto hace toda la diferencia. ¿Cuán importante es el asunto del tiempo correcto? Theodore Roosevelt dijo:

Nueve décimas partes de la sabiduría consiste en ser sabio en cuanto al tiempo.

El hecho de que usted está leyendo este libro muestra que quiere crecer; ir a alguna parte. Como la mayoría, quiere llegar allí lo antes posible. Pero tenga presente que demasiado rápido es tan inoportuno como demasiado despacio. La situación que parece urgente muy pocas veces lo es. La precipitación aminora la marcha a los sueños y abre la puerta al fracaso. «Cuanto más se apura, más despacio va» (John Heywood). ¿Qué bien le hace correr si va en la dirección equivocada?

Es más importante saber a dónde va que ver con cuánta rapidez puede llegar allí.

La gente impaciente siempre llega tarde al lugar a donde va.

—JEAN DUTOURD

Nos hacemos trizas a nosotros mismos con la impaciencia.

Una de las causas frecuentes del fracaso es la impaciencia en esperar los resultados. «La precipitación de un necio es la cosa más lenta del mundo», dijo Thomas Shadwell. El que actúa con precipitación muestra que lo que está haciendo es demasiado grande para él. La impaciencia por avanzar produce grandes dolores de cabeza.

«Hay un tiempo en que hay que dejar que las cosas sucedan y otro tiempo de hacer que las cosas sucedan» (Hugh Prather). La vida se vive en etapas, lo que quiere decir que debemos hacer cosas diferentes en tiempos diferentes. Haga la cosa correcta en el tiempo correcto. Un proverbio chino dice:

Nunca deje su campo en la primavera ni su casa en el invierno.

Dios nunca manda un invierno sin el gozo de la primavera, el crecimiento del verano y la cosecha del otoño.

Sea una persona que termina bien y nunca cante victoria antes de tiempo. El mayor asesino de los sueños es el apuro, el deseo de alcanzar cosas antes del tiempo correcto.

ADOPTE EL RITMO DE DIOS

DIOS HACE PLANES, ES UN ESTRATEGA; es increíblemente organizado y tiene una manera de hacer fluir las cosas y un ritmo definido. Richard Exley, en su notable libro *The Rhythm of Life* [El ritmo de la vida], nos muestra que Dios tiene el equilibrio exacto para nuestras vidas. De hecho, hay un ritmo para nuestras vidas: «El que crea jamás tendrá que huir otra vez» (Isaías 26.16, La Biblia al Día). La pereza no es sino descansar antes de estar cansado.

Por lo general, nos acompaña la presión cuando estamos fuera de ritmo con Dios. Proverbios 16.9 dice: «El corazón del hombre piensa su camino; mas Jehová endereza sus pasos». La promesa de Proverbios 16.3 es:

Encomienda a Jehová tus obras, y tus pensamientos serán afirmados.

Los cobardes nunca comienzan y los tibios mueren a lo largo del camino. Adopte el ritmo de Dios. Su secreto es la paciencia. Todos los grandes logros requieren tiempo; y Dios es digno de su tiempo. La felicidad es la dirección correcta, no un lugar de llegada final.

Durante las horas más sombrías de la Guerra Civil, cuando le preguntaron a Abraham Lincoln si estaba seguro de que Dios estaba del lado de la Unión, respondió con sinceridad: «No lo sé; no he pensado en eso. Pero estoy ansioso por saber si nosotros estamos del lado de Dios». De nuevo, las cosas urgentes muy pocas veces son urgentes. Si usted quema la vela por los dos extremos, no es tan inteligente como cree.

Nunca se quede donde Dios no lo ha enviado. Caminar al ritmo de Dios nos ayuda a estar establecidos sobre el cimiento correcto. Nada es permanente a menos que se establezca sobre los cimientos correctos. Nada es permanente a menos que se construya sobre la Palabra y la voluntad de Dios. «Si Jehová no edificare la casa, en vano trabajan los que la edifican» (Salmo 127.1). «Por Jehová son ordenados los pasos del hombre y él aprueba su camino» (Salmo 37.23).

> *Un cristiano, al igual que una vela, debe mantenerse fresco y quemarse al mismo tiempo.*
>
> —MERV ROSELL

«La fortaleza de un hombre consiste en hallar el camino por el cual va Dios, e ir por ese camino», dijo Henry Ward Beecher. Cuando Dios cierra la puerta y le echa llave, no trate de entrar por la ventana. Esperar no es tiempo perdido si usted espera en el Señor. Toda persona importante ha aprendido a obedecer, a quién obedecer y cuándo obedecer.

Una poesía anónima dice:

> *Si escojo un lugar, o evito otro,*
> *mi alma no se siente satisfecha con mi elección.*
> *Pero cuando la voluntad de Dios dirige*
> *mis pasos,*
> *igual es un gozo este o aquel.*

GUARDE SU TEMPERAMENTO, NADIE LO QUIERE

NO SE MONTE EN CÓLERA A MENOS QUE ESTÉ preparado para un aterrizaje forzoso. El enojo es muy peligroso. Las personas que siempre están encolerizadas no pueden pensar con claridad. Si usted pierde la cabeza, ¿cómo espera poder usarla?

Un consejo filipino dice: «Posponga su enojo hasta mañana». (Entonces aplique esta regla el próximo día y el siguiente.) Cuando usted está disgustado, aprenda una lección de la ciencia moderna: siempre haga una cuenta regresiva antes de despegar. Séneca dijo: «La mejor cura para el enojo es la acción retardada». El libro de Proverbios nos aconseja:

Mejor es el que tarda en airarse que el fuerte; y el que se enseñorea de su espíritu, que el que toma una ciudad.
—PROVERBIOS 16.32

Cuando usted saca chispas, recuerde que las chispas ocasionan incendios. ¿Cuántas ideas fantásticas ha tenido usted mientras estaba enojado? ¿Cuántas palabras que le han «costado caro» ha dicho mientras estaba disgustado? Nunca va a llegar a la cumbre si continúa perdiendo la calma.

Uno de los peores frutos del enojo es la venganza. Ninguna pasión del corazón humano promete tanto y paga tan poco como la venganza. Cuando usted se desquita, no está ganando absolutamente nada.

En lugar de la venganza, considere lo que ordena la Biblia: «Mía es la venganza, yo pagaré, dice el Señor. Así que, si tu enemigo tuviere hambre, dale de comer; si tuviere sed, dale de beber; pues haciendo esto, ascuas de fuego amontonarás sobre su cabeza» (Romanos 12.19-20). Francis Bacon agregó:

Cuando se venga, un hombre se pone a la misma altura de sus enemigos; pero cuando no se venga, es superior a ellos.

Marco Antonio reflexionó: «Considere cuánto más sufre usted por su enojo y dolor que por las mismas cosas por las que está enojado y adolorido». David Hume dijo:

Feliz el hombre cuyas circunstancias concuerdan con su carácter; pero mucho más excelente es el hombre cuyo carácter concuerda con cualquier circunstancia.

El enojo va a volver a usted y le va a dar un golpe mucho más fuerte que cualquier cosa o persona a la que usted lo arroje.

Un mejor uso del tiempo que se usa para arreglar cuentas, es usarlo para avanzar en la vida. La venganza es lo mismo que morder a un perro porque el perro lo ha mordido a usted. Cuando usted trata de desquitarse, siempre va a hacer cosas extrañas y que no ayudan.

La venganza es una comida que se debería comer fría.

—PROVERBIO INGLÉS ANTIGUO

EL HOMBRE QUE TIENE IMAGINACIÓN NUNCA ESTÁ NI SOLO NI TERMINADO

LOS CRISTIANOS DEBERÍAN SER VISTOS no como botellas que se deben llenar, sino como velas que deben ser encendidas. Usted fue creado para la creatividad. Sus ojos buscan oportunidades, sus oídos escuchan direcciones, su mente requiere un desafío y su corazón anhela los caminos de Dios. Su corazón tiene ojos que su cerebro no sabe que tiene.

Haga una demanda diaria en su creatividad. Todas las cosas comienzan siendo el sueño de alguien. Todas las personas de acción primero son soñadoras. La maravilla de la imaginación es esta: tiene el poder de encender su propio fuego. La habilidad es una llama; la creatividad es una llamarada. La originalidad ve a las cosas con una visión nueva. A diferencia de un avión, su imaginación puede despegar de noche o de día, en cualquier clase de tiempo o circunstancias. ¡Deje que vuele!

«Mas nosotros tenemos la mente de Cristo», dice 1 Corintios 2.16. ¿No sabe usted que también se nos ha dado una parte de Su creatividad?

Un genio es una persona que apunta a un blanco que nadie ve y da en el centro.

Se nos ha dicho que no crucemos un puente hasta que lleguemos a él, pero este mundo pertenece a los hombres que han «cruzado puentes» en su imaginación mucho antes que la multitud.

–SPEAKERS LIBRARY

Deberíamos observar el futuro y actuar antes que ocurra.

Muchas veces actuamos, o dejamos de actuar, no debido a nuestra voluntad, como se cree comúnmente, sino debido a la imaginación. Sus sueños son un indicador de su posible grandeza y usted sabrá que es una idea dada por Dios porque siempre le va a llegar con la fuerza de una revelación.

La abuela vio a Juanito corriendo por la casa dándose nalgadas y le preguntó por qué estaba haciendo eso. «Bueno», le dijo Juanito, «estaba tan cansado de caminar, que pensé que andaría a caballo por un rato». Un día, Miguel Ángel vio un pedazo de mármol cuyo dueño dijo que no servía. «Tiene valor para mí», le dijo Miguel Ángel. «Hay un ángel atrapado en él y debo darle la libertad».

Tal vez otras personas sean más inteligentes, tengan mejor educación, o más experiencia, pero nadie tiene la exclusividad de los sueños, los deseos o la ambición. La creación de mil bosques de oportunidad puede encontrarse en una pequeña bellota, en una pequeña idea. «Ningún hombre que no vea visiones jamás podrá ver cumplida ninguna gran esperanza o emprender ninguna empresa importante», dijo Woodrow Wilson.

La Biblia dice: «Donde no hay visión, el pueblo perece» (Proverbios 29:18). Tener visión es ver las cosas que son invisibles. El no tener imaginación causa que usted viva la vida en un plano inferior que el que fue diseñado para usted. Un sueño es una de las cosas más emocionantes que existe.

Las águilas vuelan solas; los cuervos vuelan en bandadas

CADA IDEA GRANDE Y SUEÑO debe ser establecido dentro de usted y de usted solo. Llegarán tiempos cuando solamente creerá que va a suceder. ¿Puede estar de pie solo? ¿Puede creer cuando parece que nadie más cree?

John Gardner declaró: «El cínico dice: "Un hombre no puede hacer nada". Yo digo: "Solamente un hombre puede hacer cualquier cosa"». Nadie lo puede hacer por usted. Nadie lo *hará* por usted.

Henry Wadsworth Longfellow lo dijo de esta manera:

No en el clamor de las calles atestadas de gente, no en los gritos de aclamación de la muchedumbre, sino en nosotros mismos se encuentra el éxito o el fracaso.

Usted no puede delegar a otros sus pensamientos, sus sueños o sus creencias.

Thomas Edison, quien afirmaba que podía pensar mejor debido a su sordera parcial, dijo: «La mejor forma de pensar se ha hecho en la soledad, la peor se ha hecho en la agitación».

Las águilas vuelan solas; los cuervos vuelan en bandadas. Aprenda la forma de alejarse y separarse. No le pertenezca tan completamente a otros que no se pertenezca a sí mismo. El hecho es que estamos en esto todos juntos... pero por nuestra cuenta.

Alexander Graham Bell hizo la siguiente observación:

No se mantenga siempre en el camino público. Deje el sendero trillado de vez en cuando y vaya a los bosques. De seguro que va a encontrar allí algo que no ha visto antes. Un descubrimiento va a llevar a otro y antes que se dé cuenta, va a tener algo sobre lo que vale la pena pensar para que le ocupe la mente. Todo los descubrimientos realmente grandes son el resultado de pensar.

Las ideas más grandes se descubren cuando usted está solo. Asegúrese de pasar algún tiempo solo en forma regular. Retírese para avanzar.

No acepte que otros lo conocen a usted mejor de lo que usted se conoce a usted mismo. Grandes líderes siempre han encontrado oposición de parte de gente mediocre. El error más grande que puede cometer es creer que otros son responsables por sus fracasos y éxitos. Cada uno de nosotros tendrá que rendir cuentas por sí mismo, no a otra persona, sino a Dios.

Hay poder en el principio de estar solo. Más que ninguna otra persona, usted *debe* ser persuadido. La mejor mano de ayuda que va a encontrar está al final de su brazo. Creo que Dios quiere que aprendamos por nosotros mismos. Mark Twain observó:

Un hombre que lleva a un gato de la cola, aprende algo que no puede aprender de otra forma.

La oportunidad de tener éxito, o de no tenerlo, le pertenece a usted. Nadie le puede quitar esto a menos que lo permita. Aprenda a estar solo y a estar firme solo, o nada de valor va a suceder en su vida.

PIENSE EN SER AGRADECIDO

SEA AGRESIVAMENTE AGRADECIDO. En su propia vida, ¿toma las cosas por sentado o las toma con gratitud? Cuente las bendiciones de Dios, no las descarte. El agradecimiento es la actitud de una vida productiva.

Ningún deber es más urgente que el de dar las gracias. ¿Cuánto tiempo ha pasado desde que usted les dio las gracias a las personas que están más cerca de usted? La persona que no es agradecida por lo que tiene no es probable que sea agradecida por lo que va a recibir. La ingratitud no tiene fin.

Las actitudes se agrian en la vida que está cerrada al agradecimiento. Muy pronto, las malas actitudes prevalecen, cerrando la vida a cosas mejores.
—C. NEIL STRAIT

Las personas que olvidan (o que nunca aprenden) el idioma de la gratitud nunca se van a encontrar en una buena relación con la felicidad.

Usted encontrará que el agradecimiento crea poder en su vida porque abre los generadores de su corazón para que respondan con gratitud, para que reciban con más gozo y para que reaccionen con creatividad. William Ward habló con sabiduría cuando dijo:

Hay tres enemigos de la paz personal: lamentarse por los errores de ayer, tener ansiedad por los problemas de mañana y ser desagradecido por las bendiciones de hoy.

Reconozca que es bendecido. Si no puede estar satisfecho con lo que ha alcanzado, sea agradecido por lo que se ha librado. Anoche, mientras conducía mi automóvil para ir a cenar, estaba completamente absorto pensando en este libro. Tan absorto que me crucé una luz roja en una gran intersección. Después de haber sido saludado con varios bocinazos y algunos insultos, detuve mi automóvil en un estacionamiento para agradecerle a Dios por su protección, aun cuando fui descuidado. Todos tenemos mucho por lo cual estar agradecidos. Por ejemplo: sin importar la clase de casa en la cual usted vive, ¿no preferiría estar allí que en el mejor hospital de la ciudad?

En cada oportunidad, cuente sus bendiciones. Tome tiempo hoy para reflexionar en todo lo que tiene. Las palabras pensar y gracias tienen la misma raiz latina. Si tomamos más tiempo para pensar, indudablemente daremos mas gracias.

Me gusta lo que dijo Dwight L. Moody: «Sea humilde, o va a tropezar». Existe una relación ineludible entre el orgullo y la ingratitud. Henry Ward Beecher señaló:

Un hombre orgulloso casi nunca es agradecido porque nunca cree que recibe todo lo que merece.

No sea una persona que tiene un instinto muy desarrollado por la desdicha. En cambio, seamos «gozosos en la esperanza; sufridos en la tribulación; constantes en la oración» (Romanos 12.12). La mejor regla es: sea agradecido por lo que sea que le dan, recíbalo con acción de gracias. Cuando pasa el tiempo dándole gracias a otras personas por cosas buenas, no le quedará tiempo para quejarse las malas.

Busque cincuenta cosas por las que puede estar agradecido hoy. Mientras lo hace, ideas creativas van a surgir como resultado de la conversación mental que está teniendo consigo mismo. Una de las mejores maneras de generar entusiasmo y oportunidades es sentarse y escribirles tarjetas de agradecimiento a las personas que han ejercido influencia en su vida.

La vida más satisfactoria es la de una persona que es agradecida. Una de las fuerzas más poderosas para el bien en la tierra son las palabras de agradecimiento. Dar gracias no cuesta mucho, sin embargo, logra más de lo que se puede percibir.

Comience con lo que tiene, no espere por lo que no tiene

USTED YA HA RECIBIDO lo que necesita para comenzar a crear su futuro. No diga: «Si sólo tuviera esto... si sólo tuviera más dinero... entonces podría hacer lo que se supone que haga». La gente constantemente enfatiza la importancia de las cosas que no tiene.

Nunca deje que lo que cree que no puede hacer le impida hacer lo que puede hacer. La ociosidad prolongada paraliza la iniciativa, porque para la mente que vacila, todo es imposible, porque le parece imposible.

No espere circunstancias especiales para actuar; use las situaciones comunes. No necesita más fuerza, habilidad u oportunidad. Use lo que tiene. Todo el mundo tiene que remar con los remos que le han dado.

> *El atractivo y la dificultad de lo distante son engañosos. La gran oportunidad se encuentra donde está usted.*
>
> –John Burroughs

Lo que puede hacer es la única influencia que tiene sobre su futuro. Nadie puede ser feliz hasta que no haya aprendido a disfrutar lo que tiene y a no preocuparse por lo que no tiene.

La verdadera grandeza consiste en ser grande en cosas pequeñas. No se queje porque no tiene lo que quiere; esté agradecido de que no tiene lo que se merece. Walter Dwight observó:

> *«Debemos hacer algo» es el refrán unánime. «Comience usted» es la respuesta ensordecedora.*

Toda cosa grande comienza con algo insignificante. Las personas grandes en la Biblia fueron fieles en cosas pequeñas. En Mateo, Jesús relató la parábola de los talentos. Se refirió a un siervo que tomó el dinero de su amo y lo multiplicó. El amo le dijo a ese hombre:

> *«Bien, buen siervo y fiel; sobre poco has sido fiel, sobre mucho te pondré; entra en el gozo de tu señor».*
>
> –MATEO 25.23

En Zacarías 4.10, el Señor le dice al profeta: «Porque los que menospreciaron el día de las pequeñeces se alegrarán». Hay poder en tomar pasos pequeños.

Muchas personas no se están moviendo con Dios hoy simplemente porque no han estado dispuestas a tomar los pasos pequeños que Él ha colocado delante de ellas. Si usted se siente guiado a ir a una zona en particular, debería saltar a esa oportunidad; no importa lo pequeña que sea, y moverse en la dirección a la cual el Señor lo ha dirigido. Si Dios lo ha llamado a ser pastor de los jóvenes y está sentado en casa esperando una invitación de alguna iglesia grande, debería saber que no tiene muchas probabilidades de que le llegue. Usted debe encontrar al primer joven que pueda, colocar su brazo alrededor de él o ella y comenzar a ministrarle y a ayudarle.

No tema dar pasos pequeños. Como hemos visto, muchas veces lo imposible es simplemente lo que no se ha probado.

Recuerdo un tiempo en mi vida en que me sentía paralizado con temor por lo que Dios me había llamado a hacer. Parecía una tarea tan grande que no podía enfrentarla. Entonces me vino a ver un amigo y me dijo dos palabras que rompieron esa parálisis en mi vida: «Haz algo». Si usted está a una altura en que se encuentra paralizado debido a lo que Dios quiere que haga: «haga algo». No se preocupe por la meta; simplemente dé los pasos que lo llevan más allá del punto de partida. Muy pronto va a llegar a un punto del cual no puede regresar.

Es bueno estar contento con lo que se tiene, pero nunca con lo que se es. La felicidad jamás les llegará a aquellos que no aprecian lo que ya tienen. No cometa el error de mirar demasiado delante de modo que no puede ver las cosas que tiene cerca.

Nunca va a lograr mucho a menos que avance y haga algo antes de que todo sea ideal. Nadie ha logrado un éxito de ninguna cosa esperando que todas las condiciones fueran «las adecuadas». En Eclesiastés 11.4, la Biblia dice: «Si esperas condiciones perfectas, nunca lograrás nada» (La Biblia al Día).

Es una pérdida de tiempo pensar en las cosas que no tiene. En cambio, pase su tiempo sumergido en la tarea que tiene delante, sabiendo que hacer correctamente las tareas de esta hora será la mejor preparación para los años que siguen. Viva este proverbio alemán:

Vaya a donde ha sido plantado. Comience a tejer y Dios le dará el hilo.

En lugar de...

TODOS LOS DÍAS TOMAMOS DECISIONES. Cada hora (y tal vez con más frecuencia) debemos enfrentar opciones. Debemos elegir una cosa u otra. No podemos tener las dos. Podemos elegir:

- Ser decididos en lugar de indiferentes
- Ser mejores en lugar de ser peores
- Ser entusiastas en lugar de ser tibios
- Tener una actitud de «cómo podemos hacerlo» en lugar de «si podemos hacerlo»
- Decir «voy a tratar» en lugar de «voy a rendirme»
- Abrazar el riesgo en lugar de la seguridad
- Vencer el mal en lugar de aprender a vivir con el mal
- Ser diferentes en lugar de ser como los demás
- Medirnos a nosotros mismos por lo que logramos hacer en lugar de cuánto tratamos de hacer
- Oponernos a las tinieblas en lugar de vivir al lado de las tinieblas
- Desarrollar en lugar de destruir
- Obtener en lugar de quejarnos

- Comprometernos en lugar de tratar
- Crear paz en lugar de conflictos
- Creer en la elección en lugar de la suerte
- Optar por ser determinados en lugar de desanimados
- Crecer en lugar de morir
- Demandar más de nosotros mismos en lugar de excusarnos
- Hacer algo por los demás en lugar de hacer algo por nosotros mismos
- Esforzarse por el progreso en lugar de ir a la deriva
- Establecer prioridades en lugar de andar sin propósito
- Aceptar rendir cuentas en lugar de ser irresponsables
- Elegir la acción en lugar de la inactividad
- Recibir con agrado las soluciones en lugar de los problemas
- Desear más de Dios en lugar de desear más cosas
- Ser *una persona que marca rumbos* en lugar de preguntarse: «¿Por qué a mí?»

Las ideas se van, la dirección divina permanece

¿CÓMO SABE USTED LA DIFERENCIA entre ideas que le vienen a la mente por un lado y la dirección de Dios por el otro?

En la dirección existe persistencia. No se va; vuelve una y otra vez. En Proverbios 19.21, la Biblia dice: «Muchos pensamientos hay en el corazón del hombre; mas el consejo de Jehová permanecerá». En el Salmo 32.8, el Señor promete:

> *Te haré entender, y te enseñaré el camino en que debes andar; sobre ti fijaré mis ojos.*

La dirección es una corriente que tiene orillas. Cuando sabemos lo que Dios quiere que hagamos, podemos tener la absoluta confianza de que lo que intentamos hacer es lo correcto y que Dios está de nuestra parte. La dirección que llega más lejos y que presenta el mayor desafío es la más significativa porque Dios está en ella.

La dirección es un asunto de hechos; las ideas son un asunto de opiniones. La dirección que viene de Dios es imposible de seguir sin Él.

La dirección es la madre de la incomodidad divina, algo que deberíamos tener en todo momento. La incomodidad divina es sentir que Dios quiere dirigirnos, una inquietud de forma que nunca estamos totalmente satisfechos con dónde estamos en

Dios o lo que estamos haciendo por Él. Si usted cree que ha llegado al punto que Dios quiere, tenga cuidado. Siempre hay lugar para el crecimiento.

Deberíamos ser conocidos como personas que tienen una misión, no como personas que completan una misión. El evangelista R. W. Schambach lo dice de esta forma: «Sea una persona llamada y enviada, no alguien que simplemente fue». Somos personas con un propósito, no con un problema.

En Colosenses 1.12-13, el apóstol Pablo escribió:

> *Con gozo dando gracias al Padre que nos hizo aptos para participar de la herencia de los santos en luz; el cual nos ha librado de la potestad de las tinieblas, y trasladado al reino de su amado Hijo.*

Asegúrese de buscar zonas de las cuales Dios lo está llamando a salir y otras a las cuales Dios lo está llamando a entrar. Existe una diferencia entre la voluntad de Dios *en* nuestras vidas y la voluntad de Dios *para* nuestras vidas. La voluntad de Dios *para* nuestras vidas incluye aquellas cosas que Él quiere para cada persona: salvación, fortaleza, salud, paz, gozo. Pero la voluntad de Dios *en* nuestras vidas es única y singular para cada individuo. Una persona puede ser llamada a vivir en un lugar toda su vida, mientras que otra es llamada a mudarse seis veces en diez años.

Nunca le tenga temor a la luz de la dirección de Dios. Maurice Freehill preguntó:

> *¿Quién es más tonto, un niño que le tiene miedo a la oscuridad o un hombre que le tiene miedo a la luz?*

A dondequiera que Dios guía, Él provee. Y a los que Dios llama, Él los nombra y los unge para el trabajo. Apodérese de esas direcciones persistentes en su vida y aproveche el poder de la voluntad de Dios para usted.

Algo domina el día de cada persona

¿QUÉ ES LO QUE INFLUENCIA, DOMINA Y CONTROLA SU DÍA? ¿Son las noticias diarias, el vecino negativo que hace demasiado ruido, el recuerdo de un fracaso? ¿O es el plan de Dios para usted, su Palabra en su corazón, un cántico de alabanza para Él? Deje que el plan que Dios tiene para usted domine su día, o lo dominará otra cosa.

La mediocridad tiene su propio tipo de intensidad. Quiere controlarlo. La mediocridad comienza en algún lugar y lleva a todos lados. Si se lo permitimos, puede influenciar y afectar todas las esferas de nuestras vidas.

> *Algunas tentaciones les llegan a los trabajadores, pero todas las tentaciones les llegan a los perezosos.*
> —CHARLES SPURGEON

Una vida fructífera no es un accidente. Es el resultado de las elecciones correctas. Pequeñas cantidades de tierra van a sumarse hasta hacer una montaña. Si usted no está alerta y ora, la montaña va a dominar su día.

- Cuando las noticias tratan de dominar su día, deje que las buenas nuevas dominen su día.

- Cuando el pasado trata de dominar su día, deje que la visión del futuro domine su día.

- Cuando el temor trata de dominar su día, deje que las acciones correctas dominen su día.

- Cuando el posponer las cosas trata de dominar su día, deje que los pequeños pasos dominen su día.

- Cuando las influencias erróneas tratan de dominar su día, deje que las asociaciones correctas dominen su día.

- Cuando la confusión trata de dominar su día, deje que la Palabra de Dios domine su día.

- Cuando la soledad trata de dominar su día, deje que la oración domine su día.

- Cuando los conflictos tratan de dominar su día, deje que la paz domine su día.

- Cuando su mente trata de dominar su día, deje que el Espíritu Santo domine su día.

- Cuando la envidia trata de dominar su día, deje que bendecir a otros domine su día.

- Cuando la codicia trata de dominar su día, deje que el dar domine su día.

Deje que Dios domine su día.

ESPERE LO OPUESTO

UNA DE LAS PRINCIPALES RAZONES para que la Biblia fuera escrita es para enseñarnos a esperar lo opuesto de lo que vemos en el mundo. «No puedo creer lo que veo», es una declaración muy espiritual, puesto que debemos caminar por fe y no por vista. Las cosas de más influencia en nuestra vida son como las zanahorias en el suelo, diez por ciento visibles y noventa por ciento que no se ven. Las apariencias engañan.

Uno de los principios de Dios de lo opuesto se encuentra en lo que dijo Juan el Bautista en Juan 3.30:

Es necesario que él crezca, pero que yo mengüe.

Dios dice que debemos dar para recibir, morir para vivir y servir para ser líderes. En este mundo de opuestos; lo que Pat Roberts llama «el mundo al revés», la Biblia dice: «Irá andando y llorando el que lleva la preciosa semilla; mas volverá a venir con regocijo, trayendo sus gavillas» (Salmo 126.6) y «El que pierde su vida por causa de mí [Jesús], la hallará» (Mateo 10.39).

Cuando llega el temor, espere lo opuesto, que la fe dentro de usted se manifieste.

Cuando los síntomas ataquen su cuerpo, espere lo opuesto; el poder sanador de Dios tocándole.

Cuando la tristeza trate de tomar posesión de usted, espere lo opuesto; que el gozo del Señor sea su fortaleza.

Cuando tiene escasez, espere lo opuesto; la provisión de Dios para suplir sus necesidades.

Cuando llega la confusión, espere lo opuesto; la paz de Dios que lo consuele.

Cuando la oscuridad trate de cubrirlo, espere lo opuesto; la luz de Dios que brille en usted.

Dios usa hombres comunes y corrientes para un trabajo extraordinario.

> *Lo necio del mundo escogió Dios, para avergonzar a los sabios; y lo débil del mundo escogió Dios, para avergonzar a lo fuerte ... a fin de que nadie se jacte en su presencia.*
>
> —1 Corintios 1.27-29

«¿Corrió alguna vez a un refugio en una tormenta y encontró allí provisión que no esperaba? ¿Fue alguna vez a Dios para encontrar refugio, empujado por las tormentas de afuera y encontró allí provisión inesperada?» (John Owen). ¿Cuántas veces ha sentido en su vida que no tenía sabiduría? No se preocupe, mire al Señor. Él está listo y dispuesto a moverse a favor de usted. El sermón del monte se predicó para sacarnos del valle del desánimo. Si usted quiere ir más alto, vaya más profundo.

> *La duda ve los obstáculos,*
> *   la fe ve el camino.*
> *La duda ve la noche más oscura,*
> *   la fe ve el día.*
> *La duda teme dar un paso,*
> *   la fe vuela alto.*
> *La duda pregunta «¿quién cree?»,*
> *   la fe responde «yo».*
>
> —Anónimo

Sea...

SEA...

 ... usted mismo

 ... positivo

 ... agradecido

 ... resuelto

 ... misericordioso

 ... persistente

 ... honesto

 ... excelente

 ... confiado

 ... una persona que ora

 ... fiel

 ... consagrado

 ... dedicado

 ... una persona enfocada en la meta

 ... una persona que perdona

 ... entusiasta

 ... una persona de fe

 ... una persona en quien se puede confiar

... leal

... una persona que ayuda

... amable

... feliz

... valiente

... generoso

... amoroso

... una persona en quien se pueda depender

... sabio

... santo

... obediente

... una persona que tiene propósito

... eficaz

... creativo

... responsable

... devoto

... paciente

... optimista

... compasivo.

Suelte para poder obtener

USTED NO ES LIBRE HASTA que no haya sido hecho cautivo del plan supremo de Dios para su vida. Sólo aquellos que están unidos a Cristo son verdaderamente libres. En su voluntad está nuestra paz.

Algo muy significativo ocurre cuando estamos totalmente entregados a Él.

Porque los ojos de Jehová contemplan toda la tierra, para mostrar su poder a favor de los que tienen corazón perfecto para con él.

—2 Crónicas 16.9

«Si un hombre se parara con un pie en una estufa caliente y con el otro en un congelador, algunas personas que hacen estadísticas dirían que, en término medio, está cómodo» *(Oral Hygiene).* Nada podría estar más lejos de la verdad. Dios no quiere que vivamos nuestras vidas con un pie en su voluntad y el otro en el mundo. Él quiere todo de nosotros.

Dwight L. Moody dijo: «No toma mucho tiempo saber dónde está el corazón de un hombre. En quince minutos de conversación con la mayoría de los hombres, usted puede saber si sus tesoros están en la tierra o en el cielo». Cuando era joven, Billy Graham oró: «Dios, ayúdame a hacer algo; cualquier cosa, para ti». Fíjese en el resultado de esa simple oración.

Aquellos que pueden ver la mano de Dios en todas las cosas, pueden dejar todas las cosas en las manos de Dios. Usted debe soltar para poder obtener. Cuando lo único que le queda es Dios, por primera vez llega a estar consciente de que Él es suficiente. Cuando usted le entrega todo al Señor, muestra su amor por Él. «El pensamiento más importante que he pensado fue sobre mi responsabilidad personal hacia Dios» (Daniel Webster).

Muy raramente el mundo ha visto lo que Dios puede hacer con, para y a través de un hombre que se ha entregado completamente a Él. Corrie ten Boom aconsejó:

No se moleste en darle instrucciones a Dios. Simplemente preséntese a trabajar.

Lo que adora y la forma en que adora determina lo que usted llega a ser. Cualquier cosa que cambie sus valores va a cambiar su comportamiento, para mejor o para peor.

Dios creó el mundo de la nada y mientras tanto seamos nada, Él puede hacer algo de nosotros.

—Martín Lutero

TODO EL MUNDO NECESITA
AUMENTAR SU FE

LA FE PUEDE VOLVER A ESCRIBIR SU FUTURO. «Lo único que se interpone entre un hombre y lo que quiere de la vida a menudo es simplemente la voluntad de tratar de hacerlo y la fe de creer que es posible» (Richard De Vos). La fe es como una linterna, no importa lo oscuras que parezcan ser las cosas, le va a ayudar a encontrar lo que busca.

> *Todo mañana tiene dos asas, nosotros podemos tomar*
> *el asa de la ansiedad, o podemos tomar el asa de la fe.*
> —SOUTHERN BAPTIST BROTHERHOOD JOURNAL

El lamentarse mira hacia atrás; la preocupación mira alrededor; la fe mira hacia arriba. Los grandes líderes casi siempre son personas de gran fe. Dios tiene algo para el hombre que pide con fe. Su vida se va a agrandar o achicar en proporción a su fe.

Piense como un hombre de acción y actúe como un hombre de fe. La oración es pedir que llueva; la fe es llevar un paraguas. Para ser una persona de logros, primero tiene que ser una persona de fe.

> *La fe, por su misma naturaleza, demanda acción. La*
> *fe es acción, nunca es una actitud pasiva.*
> —PAUL LITTLE

La fe no es una píldora que usted toma, sino un músculo que usa. La fe es cuando sus manos y pies continúan trabajando cuando su cabeza y otras personas dicen que no se puede hacer. La fe es necesaria para la victoria.

Por fe, usted puede ser decidido cuando no hay certeza o en la presencia de la indecisión. No es soñar despierto; es tomar decisiones. «La verdadera fe no es el componente de los sueños; más bien es algo completamente realista, firme y práctico. La fe ve lo invisible pero no ve lo no existente» (A. W. Tozer). El mundo dice: «Ver para creer», la fe dice: «Creer para ver».

La fe es como un cepillo de dientes. Todo el mundo debería tener uno y usarlo todos los días, pero no debería tratar de usar el cepillo de otra persona.

Todo lo que he visto me enseña a creer en el Creador para todo lo que no he visto.
—RALPH WALDO EMERSON

La gran plaga moderna es la duda. Aun así, la fe puede curarla. La verdadera fe se rehusará a creer nada que sea contrario a la Biblia. No mirará ni a las circunstancias ni a las condiciones, sino a la promesa.

UN PENSAMIENTO QUE SE PONE EN ACCIÓN ES MEJOR QUE TRES QUE ANDAN REVOLOTEANDO

HÁGASE ESTA PREGUNTA: «¿Cuál es en realidad mi objetivo en la vida?» Tan pronto como le sea posible, delegue, simplifique o elimine las cosas que tienen menos prioridad. Haga *más* haciendo *menos*. «Un pensamiento que se pone en acción es mejor que tres que andan revoloteando».

Hay demasiada gente, en demasiados automóviles y yendo con demasiada prisa, en demasiadas direcciones, para llegar a ningún lugar para lograr nada.

> *Hay muy poco tiempo para descubrir todo lo que queremos saber acerca de las cosas que en realidad nos interesan. No podemos darnos el lujo de perder tiempo en las cosas que son de poca importancia para nosotros, o en las que tenemos interés solamente porque otras personas nos han dicho que nos deben interesar.*
>
> –ALEC WAUGH

Si no tenemos foco, no tenemos paz. Siga este poderoso consejo del apóstol Pablo quien escribió: «*Una* cosa hago ... prosigo a la meta» (Filipenses 3.13, 14). Donde usted ponga su corazón, va a determinar la forma en que vive la vida. Carl Sandberg dijo: «Hay personas que quieren estar en todos los lugares de inmediato y no llegan a ninguna parte».

¿Cómo puede obtener usted lo que quiere? William Locke respondió:

Yo le puedo decir cómo puede obtener lo que desea; usted debe mantener una cosa delante de sí y luego ir por ella y nunca deje que sus ojos miren ni a la izquierda ni a la derecha, ni arriba ni abajo. Y mirar hacia atrás es mortal.

George Bernard Shaw escribió:

Dele salud a un hombre y un curso a seguir y nunca se va a detener para preocuparse si es feliz o no.

Todos sabemos que Walt Disney fue un hombre de éxito. Tal vez la clave de su éxito se encuentra en su confesión: «Amo más a *Mickey Mouse* que a ninguna mujer que haya conocido». Bueno, ¡eso es tener enfoque!

Vic Braden dijo: «Los fracasados tienen toneladas de variedad. Los campeones se jactan de sólo aprender a darle a la misma cosa que los ha hecho ganadores». Considere lo que dijo George Robson después de haber ganado la carrera automovilística Indianápolis 500: «Todo lo que tuve que hacer fue seguir doblando hacia la izquierda».

Si usted persigue a dos conejos, los dos se le van a escapar. Creo que usted encuentra la felicidad cuando se dirige a un lugar con todo su corazón, en una dirección, sin lamentos ni reserva. Haga lo que está haciendo mientras lo está haciendo. Cuanto más complicado sea usted, tanto más inefectivo llegará a ser.

Mark Twain dijo:

He aquí, dijo el necio: «Ponga todos sus huevos en una canasta», que es una forma de decir: «Disperse su atención y su dinero». Pero el hombre sabio dice: «Ponga todos sus huevos en una canasta y vigile la canasta».

La manera más rápida de hacer muchas cosas es hacer sólo una cosa a la vez. Las únicas personas que serán recordadas son las que han hecho una cosa extremadamente bien. No sea como el hombre que dijo: «Soy una persona que tiene foco, pero es en otra cosa».

DIGA NO A MUCHAS
BUENAS IDEAS

UNA DE LAS TRAMPAS DEL DIABLO es hacer que digamos sí a muchas cosas buenas. Como resultado, terminamos tratando de hacer tantas cosas que somos mediocres en todo y no nos destacamos en nada. Hay una fórmula garantizada para el fracaso y es tratar de agradar a todo el mundo.

Llega un tiempo en la vida de toda persona cuando él o ella debe decir *no* a las buenas ideas. Lo que es bueno y lo que es lo correcto, no siempre son la misma cosa. Una buena idea no es necesariamente una idea que viene de Dios. Como cristianos, nuestra responsabilidad es siempre hacer las cosas correctas.

De hecho, cuanto más crezca una persona, tantas más oportunidades él o ella tendrá para decir no. Una clave para obtener resultados es ser una persona enfocada. Tal vez ninguna clave para el crecimiento y el éxito sea tan pasada por alto como esta. La tentación siempre es hacer un poquito de todas las cosas.

Recuerde que decir *no* a una buena idea, no es lo mismo que decir *jamás. No* puede querer decir *no ahora mismo.*

Hay poder en la palabra no. La palabra no es una palabra ungida. «No» puede romper el yugo de comprometernos demasiado y de la debilidad. «No» se puede usar para cambiar una situación de mala a buena, de incorrecta a correcta. Decir no lo puede librar de cargas que no es preciso que lleve en estos momentos. También lo puede librar para dedicar la cantidad correcta de atención y esfuerzo a las prioridades de Dios en su vida.

Fíjese en el título de esta meditación. Tal vez le vengan a la mente experiencias y situaciones pasadas y presentes. Tal vez recuerde muchas situaciones en las cuales «no» o «no por ahora» hubieran sido la mejor respuesta. Aprenda de esas ocasiones y evite una multitud de errores y distracciones.

Sí y *no* son las dos palabras más importantes que jamás dirá. Estas son las dos palabras que determinan su destino en la vida. Cómo y cuándo las dice afectan su futuro.

Decir no a las cosas menos importantes significa decir sí a las prioridades de su vida.

El niño que usted fue una vez, ¿Estaría orgulloso del hombre que es hoy?

VIVIR UNA DOBLE VIDA no lo va a llevar a ningún lado con el doble de la rapidez. «Los pensamientos llevan a los propósitos; los propósitos se convierten en acciones; las acciones forman hábitos; los hábitos deciden el carácter; y el carácter determina nuestro destino», dijo Tyron Edwards. El libro de Proverbios declara: «De más estima es el buen nombre que las riquezas». El carácter es algo que tiene o no tiene. No trate de hacer algo *para* sí mismo, en cambio, trate de hacer algo *de* sí mismo.

El carácter es el verdadero cimiento para todo el éxito valedero. Una buena pregunta para fórmularse es: «¿Qué clase de mundo sería este si todas las personas fueran como yo?» Usted es un libro abierto que le habla al mundo de su autor. John Morely afirmó:

Ningún hombre puede subir más alto que las limitaciones que le imponen su propio carácter.

Nunca se avergüence de hacer lo correcto. Marco Aurelio exhortó: «Nunca estime como algo ventajoso para usted aquello que lo haga romper su palabra o perder su autoestima». W. J. Dawson aconsejó: «No necesita escoger el mal, sino fallar en escoger el bien y con mucha rapidez va a llegar al mal».

No existe tal cosa como un *mal necesario*. Phillip Brooks dijo:

Un hombre que vive en rectitud, tiene mucho más poder en su silencio que otro hombre por sus palabras.

Si se encuentran en la oscuridad, ¿reconocería su reputación a su carácter? Desee lo que pidió David: «Crea en mí, oh Dios, un corazón limpio, y renueva un espíritu recto dentro de mí» (Salmo 51.10). Para cambiar su carácter, usted debe comenzar en el centro de control: el corazón. Su carácter se irá a la bancarrota cuando usted no pueda continuar pagando el interés en sus obligaciones morales.

Henry Ward Beecher dijo: «Ningún hombre puede decir si es rico o pobre mirando sus libros de contabilidad. Es el corazón el que hace rico a un hombre. Es rico de acuerdo a lo que es, no de acuerdo a lo que tiene». Viva de tal manera que sus amigos puedan defenderlo, pero que nunca tengan que hacerlo.

Considere las palabras de Woodrow Wilson:

Si usted piensa en lo que debería hacer por la gente, su carácter se cuidará por sí mismo.

La excelencia del carácter se muestra haciendo en secreto lo que haríamos si todo el mundo nos estuviera mirando.

Usted es llamado a crecer como un árbol, no como un hongo. Es difícil subir alto cuando su carácter es bajo. Hay una señal de tránsito que dice: «Manténgase a la derecha». La Biblia nos dice que debemos hacer sendas derechas para nuestros pies.

LO MEJOR ES LO MEJOR

EL TIEMPO SIEMPRE ES CORRECTO para hacer lo correcto.

Seamos impulsados por la excelencia. Para que al ser impulsados por la excelencia al final de cada día, de cada mes, de cada año y por cierto, al final de la vida, podamos fórmular una pregunta importante: ¿Hemos demandado lo suficiente de nosotros mismos y por medio de nuestro ejemplo hemos inspirado a otros alrededor de nosotros para que hicieran su mejor esfuerzo y lograran su potencial más alto?

–RICHARD HUSEMAN

Más daño ha sido hecho por personas débiles que por personas malvadas. La mayoría de los problemas de este mundo ha sido causada por la debilidad del bien más bien que por la fuerza del mal.

La verdadera medida de una persona radica en la altura de sus ideas, la anchura de su compasión, la profundidad de sus convicciones y la extensión de su paciencia. Considere lo que dice el libro de Santiago: «Al que sabe hacer lo bueno y no lo hace, le es pecado».

De todas las sendas que un hombre puede tomar, hay, en un momento dado, una senda que es la mejor ... una cosa que, aquí y ahora y de todas las cosas que pudiera hacer la más sabia ... sería encontrar esa senda y caminar en ella.

—THOMAS CARLYLE

La forma correcta de pensar lo va a llevar a un lugar mejor en la vida. Eddie Rickenbacker nos alentó a «pensar en forma positiva y genial, con confianza y fe, y la vida llega a ser más segura, más llena de acción, mucho más rica en cuanto a las experiencias y los logros».

Si usted quiere grandeza, olvídese de la grandeza y busque la voluntad de Dios. Entonces puede encontrar a ambas. John Wooden advirtió: «El éxito es paz mental, lo cual es el resultado directo de saber que hizo lo mejor que pudo para llegar a ser lo mejor que es capaz de ser». Harold Tylor dijo: «Las raíces de los verdaderos logros yacen en la voluntad de llegar a ser lo mejor que puede llegar a ser». Eleve sus normas personales de calidad. A cualquier cosa que creyó que era buena por ahora, agréguele diez por ciento. Manifiéstese a favor de lo que es recto, entonces gana aunque «pierda».

El peor error que puede cometer en la vida es no vivir de acuerdo a lo que sabe que es lo mejor. George Bernard Shaw comentó: «Manténgase limpio y brillante; usted es la ventana por la cual debe ver al mundo». Siga el consejo de Ralph Sockman:

Dele lo mejor que tiene a lo más alto que conoce; y hágalo ahora mismo.

Los milagros comienzan en el corazón

CUANDO ENFRENTO UNA NUEVA OPORTUNIDAD o una situación difícil, por lo general me pregunto: «¿Tengo un corazón puro y un espíritu recto?» La oración del Salmo 139.23-24 es:

Examíname, oh Dios, y conoce mi corazón; pruébame y conoce mis pensamientos; y ve si hay en mí camino de perversidad, y guíame en el camino eterno.

El arma del valiente se encuentra en su corazón. Horace Rutledge dijo:

Cuando usted mira al mundo con una mente obtusa, ¡el mundo es injusto! Cuando usted lo mira con egoísmo, ¡es muy egoísta! Cuando usted mira al mundo con un espíritu abierto, generoso y amistoso, ¡qué maravilloso lo va a encontrar!

La Biblia nos aconseja que examinemos todas las cosas y que retengamos las que son buenas (1 Tesalonicenses 5.21).

Margaret Mitchel dijo esta verdad: «No hay nada de afuera que nos pueda derrotar». James Allen agregó: «Usted llegará a ser tan pequeño como su deseo controlador; y tan grande como su aspiración dominante». Recuerde esto: cuando usted no tiene fortaleza interior, la gente no lo va a respetar.

Si la meta de una persona en este mundo es recta, no va a experimentar el fuego del infierno en el siguiente mundo. Demasiados niños le tienen miedo a la oscuridad, mientras que demasiados adultos le tienen miedo a la luz. William Hazlitt observó: «Si la humanidad quisiera tener lo correcto, tal vez lo hubieran tenido hace mucho tiempo». Roger Babson agregó:

Si las cosas no le marchan bien, comience su esfuerzo rectificando la situación al examinar cuidadosamente el servicio que presta y en especial, el espíritu en que lo presta.

El que sabe lo que es bueno y no lo hace; está haciendo algo tan malo como el que hace mal. Si usted invita los problemas, se van a presentar temprano. Ahórrese muchos problemas al no dejarlos entrar a su vida. He aquí algunas otras verdades en cuanto a los problemas: no es preciso deshacerse de los problemas viejos para hacer lugar para los nuevos. Nada cuesta más que hacer lo malo.

El hombre que siempre invita a los problemas a su vida, nunca tiene escasez de ellos. La mejor manera de escapar del mal es perseguir el bien. La persona que persiste en coquetear con la dificultad, muy pronto se encontrará casada con ella. Avance en línea recta; todas las curvas retrasan su llegada al éxito.

Joel Budd dijo: «Un corazón hambriento es como un paracaídas. Cuando usted le da un tirón, se abre y le salva la vida». Mantenga su cabeza y su corazón avanzando en la dirección correcta y no se va a tener que preocupar por los pies.

CAMBIE, PERO NO SE DETENGA

CUANDO USTED HA TERMINADO DE CAMBIAR, está terminado. Muchas personas fracasan en la vida porque no están dispuestas a hacer cambios. El hecho es que las correcciones y los cambios siempre resultan en fruto.

La humanidad está dividida en tres clases: las personas que son incambiables, las que son cambiables y las que causan cambio.

> *El cambio siempre es más difícil para el hombre que está en una rutina, un sendero trillado. Porque él ha disminuido su vida a lo que puede manejar con comodidad y no le da la bienvenida ni al desafío ni al cambio que pudieran elevarlo.*
>
> −C. NEIL STRAIT

Si se encuentra en un hoyo, deje de cavar. Cuando las cosas andan mal, no vaya con ellas. La energía de los necios es la terquedad y la falta de disposición para cambiar.

«El que no usa remedios nuevos debe esperar males nuevos» (Francis Bacon).

> *El Señor dice: «Te haré entender, y te enseñaré el camino en que debes andar; sobre ti fijaré mis ojos».*
>
> −SALMO 32.8

Dios nunca cierra una puerta sin abrir otra. Debemos estar dispuestos a cambiar para poder caminar a través de la puerta nueva. Aprendemos a cambiar en oración. La oración es una de las experiencias de cambio más grande que jamás podremos conocer. Usted no puede orar y permanecer igual.

Tal vez la cosa más peligrosa del mundo sea «ir por lo seguro». No puede quedarse en el mismo lugar. Usted debe avanzar y estar abierto a los ajustes que Dios tiene para usted. La gente más desdichada es la que le teme al cambio.

Para hacer una tortilla tiene que romperle la cáscara a los huevos. En forma automática, los logros resultan en cambio. Un cambio hace lugar para el siguiente, dándonos la oportunidad de crecer. Usted debe cambiar para poder dominar los cambios.

Debe estar abierto a los cambios, porque cada vez que cree que ya se ha graduado de la escuela de la experiencia, alguien piensa en un curso nuevo. Decida que va a estar dispuesto a experimentar cambio. Si usted puede saber cuándo debe estar firme y cuándo se debe inclinar, ha resuelto la situación. Dele la bienvenida al cambio como a un amigo. Tal vez nos pongamos nerviosos con el cambio incesante, pero sentiríamos temor si no hubiera cambios.

Feliz es el hombre que se puede ajustar a una cantidad de circunstancias sin abandonar sus convicciones. Ábrale los brazos al cambio, pero no abandone sus valores. A menudo las personas fracasan por falta de persistencia en desarrollar ideas nuevas y falta de planes para que suplanten a los planes que fracasaron. Su crecimiento depende de su disposición para experimentar cambio.

NUNCA RENUNCIE A SUS SUEÑOS POR COSAS NEGATIVAS QUE HACEN RUIDO

NADIE PUEDE LOGRAR QUE USTED SE SIENTA PROMEDIO sin el permiso de usted. A su vida vendrán la ingratitud y las críticas; son parte del precio que paga por salir de la mediocridad.

Después que Jesús sanó a los diez leprosos, sólo uno de ellos le dio las gracias (Lucas 17.11-19). Aprenda a esperar la ingratitud.

Si usted se mueve con Dios, va ser criticado. La única manera de evitar las críticas es no hacer nada y ser un don nadie. Los que hacen algo, invariablemente van a suscitar críticas.

La Biblia ofrece esta gran promesa referente al criticismo: la verdad siempre vive más que una mentira. Este hecho está afirmado en Proverbios 12.19.

El labio veraz permanecerá para siempre; mas la lengua mentirosa sólo por un momento.

También se nos dice en Hebreos 13.6, que podemos decir con toda valentía: «El Señor es mi ayudador, no temeré lo que me pueda hacer el hombre».

Nunca juzgue a la gente por lo que se dice de ella o lo que dicen sus enemigos. La mejor descripción de un crítico que jamás he leído es la que dio Kenneth Tynan:

> *Un crítico es un hombre que sabe el camino pero que no sabe conducir el automóvil.*

No se nos llama a que respondamos al criticismo; se nos llama a responder a Dios. A menudo la crítica proveerá la mejor plataforma para proclamar la verdad.

La mayoría de las veces, las personas que son críticas son envidiosas o no tienen información. Por lo general dicen cosas que no tienen impacto alguno en la verdad. Hay un dicho anónimo que describe esta situación a la perfección:

> *No tiene valor alguno que una oveja pase una resolución para ser vegetariana mientras el lobo tiene una opinión diferente.*

Si lo que usted dice y hace es de Dios, no hará diferencia alguna si todas la demás personas del mundo lo critican. De igual manera, si lo que usted hace no es de Dios, nada de lo que digan los demás lo hará correcto.

No preste atención a las críticas negativas. «Confía en Jehová y haz el bien» (Salmo 37.3), sabiendo que al final todo lo que haga en el Señor será recompensado.

EL TEMOR Y LA PREOCUPACIÓN SON COMO EL INTERÉS QUE SE PAGA ADELANTADO POR ALGO QUE TAL VEZ NUNCA SEA SUYO

EL TEMOR ES UN CINCEL MALO para labrar el futuro. Por lo tanto, si usted está mirando su futuro desde una posición de temor o preocupación, su perspectiva está distorsionada. En cambio, espere en fe, sabiendo que los planes que Dios tiene para usted son «planes de bien y no de mal, para darles un futuro y una esperanza» (Jeremías 29.11, La Biblia al Día). La preocupación es simplemente el triunfo del temor sobre la fe.

Hay una historia sobre una mujer que lloraba mucho parada en una esquina de una calle. Cuando un hombre se le acercó y le preguntó por qué lloraba, la mujer le respondió: «Estaba pensando que tal vez algún día me voy a casar. Más tarde tendremos una hermosa niñita. Entonces un día, esta niña y yo saldríamos a caminar por esta calle y mi querida hija correría a la calle, sería atropellada por un automóvil y moriría».

Parece una situación bastante irrazonable: llorar por algo que probablemente nunca suceda. Sin embargo, actuamos así cuando nos preocupamos. Agrandamos una situación fuera de proporciones que no es probable que suceda.

Un antiguo proverbio sueco dice:

La preocupación le da una sombra grande a una cosa pequeña.

Es por eso que la Biblia nos dice que derribemos todo argumento, porque los argumentos vanos quieren crecer y crecer y crecer, y finalmente afectarán todas las esferas de nuestras vidas. ¿Se ha dado cuenta de que nunca permanecen pequeños?

Como mencionamos antes, la preocupación es usar mal la imaginación creativa que Dios puso dentro de cada uno de nosotros. Cuando el temor se apodera de la mente, deberíamos aprender a esperar lo opuesto en la vida. Esto se muestra en la Biblia. Dios dice: «No nos ha dado Dios espíritu de cobardía, sino de poder, de amor y de dominio propio» (2 Timoteo 1.7).

La palabra preocupación en la lengua anglosajona se deriva de un término que significa «ahorcar» o «asfixiar». No hay duda de que la preocupación y el temor asfixian el flujo creativo de Dios.

Muy pocas veces las cosas son como parecen. «La leche descremada pasa por crema», dice W. S. Gilbert. Cuando nos preocupamos por cosas que están fuera de nuestro control, un efecto negativo comienza a apoderarse de nosotros. Demasiado análisis lleva a la parálisis. La preocupación es una ruta que lleva de algún lugar a ningún lado.

El Salmo 55.22 aconseja:

Echa sobre Jehová tu carga, y él te sustentará; no dejará para siempre caído al justo.

Nunca responda motivado por el temor. La acción ataca al temor; la falta de acción lo refuerza.

No se preocupe y no tenga temor. En cambio, lleve todas sus preocupaciones al Señor «echando toda vuestra ansiedad sobre él, porque él tiene cuidado de vosotros» (1 Pedro 5.7).

VAYA DE...

VAYA DE...

... estar quemado a estar vigorizado

... del fracaso al aprendizaje

... de lamentarse del pasado a soñar sobre el futuro

... estas frustrado a estar enfocado en una meta

... no ver a Dios en ningún lado a verlo en todos lados

... tener prejuicios a buscar la reconciliación

... lo ordinario a lo extraordinario

... lo inefectivo a lo efectivo

... quejarse a ser una persona con perspectivas

... ser alguien que se queja a ser un ganador

... ser tibio a estar «lleno de fuego», fervor

... la seguridad a la oportunidad

... del temor a la fe

... resistir a recibir

... pensar en sí mismo a pensar en los demás

... quejarse a obtener logros

... ir a la deriva a tener una meta

... ser un problema a ser una respuesta

... tratar a lograr

... ser una copia a ser un original

... envidiar a otros a servir a otros

... la ingratitud al agradecimiento

... encontrar faltas en los demás a perdonar a los demás

... criticar a hacer elogios

... las excusas a la acción

... posponer las cosas al progreso

... la vacilación a la obediencia

... seguir la corriente a ser una persona destacada

... ser alguien que no tiene objetivo a alguien que vive enfocado en un objetivo

... recibir a dar

... desear algo a la sabiduría

... del mundo a la Palabra de Dios

... estar lleno de orgullo a estar lleno de Dios.

La cosa más natural de hacer cuando es derribado es volver a levantarse

NO SE PUEDE ENFATIZAR DEMASIADO la importancia de la forma en que respondemos a los fracasos y los errores. ¿Cómo responde *usted* al fracaso? Fracasar no quiere decir que no se ha logrado nada. *Siempre* existe la oportunidad de aprender algo.

Todos experimentamos fracasos y cometemos errores. Es un hecho que las personas de éxito han experimentado más fracasos que la gente común y corriente. Todas las personas grandes de la historia han experimentado fracasos a alguna altura de sus vidas. Los que nunca esperan nada; nunca estarán desilusionados, nunca fracasarán. Cualquier persona que actualmente está obteniendo algún logro en la vida en forma simultánea está arriesgándose a fracasar. Siempre es mejor fracasar cuando se está haciendo algo, que destacarse por no hacer nada. Un diamante que tiene una falla es más valioso que un ladrillo perfecto. Las personas que no tienen ningún fracaso tampoco tienen muchas victorias.

La gente es derribada; lo que cuenta es lo rápido que se pone de pie. Como hemos visto, hay una correlación positiva entre la madurez espiritual y la rapidez con que una persona responde a los fracasos y los errores. Los individuos que son maduros espiritualmente tienen una habilidad mayor de ponerse de pie que los que no lo son. Cuanto menos desarrollada sea una persona, tanto más se aferra a errores pasados. Dios nunca nos ve como fracasados; Él sólo nos ve como aprendices.

Paul Galvin, para cuando tenía treinta y tres años, había fracasado dos veces en los negocios. Entonces asistió a un remate y con sus últimos $750 dólares, compró la parte de su negocio que eliminaba el uso de las baterías. Esa parte llegó a ser la empresa Motorola. Cuando se jubiló en la década del 1960, dio este consejo: «Nunca teman cometer errores. Van a fracasar. Continúen yendo hacia adelante». Si usted espera que su vida esté completamente de acuerdo a sus expectativas, va a vivir totalmente frustrado.

David McNally reflexionó: «La vida llena de errores es mucho más agradable, más interesante y más emocionante que la vida que nunca ha arriesgado nada o que nunca ha tomado una postura en ninguna cosa». ¿Cuál es la diferencia entre el campeón y la persona promedio? Tom Hopkins dice:

La diferencia más importante entre los campeones y la gente común y corriente es su habilidad de manejar el rechazo y el fracaso.

Escuche las palabras de S. I. Hayakawa:

Fíjese la diferencia de lo que ocurre cuando un hombre se dice a sí mismo: «He fracaso tres veces», a lo que sucede cuando dice: «Soy un fracasado».

El fracaso es una situación, nunca es una persona.

Usted no puede viajar por el camino hacia el éxito sin experimentar uno o dos neumáticos desinflados. A menudo los errores son los mejores maestros. El libro de Eclesiastés aconseja: «En el día del bien, goza del bien; y en el día de la adversidad considera». Oswald Avery dice: «Cuando usted cae al suelo, recoja algo». El hombre que inventó el borrador supo bastante bien cómo actúa la raza humana. Usted verá que la gente que nunca comete errores tampoco hace muchas otras cosas. Usted puede sacar buenos resultados de sus errores.

El fracaso no es caer, sino permanecer caído. Sea como Jonás, que cuando fue tragado por un gran pez, probó que no es posible mantener a un buen hombre debajo del agua. Recuerde que un tropezón no es una caída; de hecho, un tropezón tal vez prevenga una caída. Herman Melville escribió: «No puede ser grande el hombre que nunca ha experimentado algún fracaso».

El inventor Thomas Edison, quien no es recordado por sus fracasos sino por sus éxitos, comentó:

Las personas no son recordadas por las pocas veces que cometen errores, sino por las veces que tienen éxito. Todo paso mal dado puede ser un paso dado hacia delante.

David Burns dijo: «Afirme su derecho a cometer unos pocos errores. Si la gente no puede aceptar sus imperfecciones, es problema de ellos». Robert Schuller escribió: «Fíjese en lo que le queda, nunca mire lo que ha perdido». Si usted aprende de estas personas, verá que los errores tienen un valor incalculable. Cultive esta actitud y nunca tendrá vergüenza de tratar.

La única vez que en realidad fracasamos es cuando no aprendemos nada de una experiencia. La decisión es nuestra. Podemos escoger convertir un error en un palenque o en un poste indicador.

He aquí la clave para estar libre de las ataduras de los errores y fracasos pasados: aprenda la lección y olvide los detalles. ¿Se ha dado cuenta de que el diablo nunca le recuerda la lección? Él sólo quiere que usted recuerde los detalles. Aprenda de la experiencia, pero no piense en los minúsculos detalles vez tras vez en su mente. Construya sobre la lección y siga adelante con su vida.

Recuerde que el llamado es más grande que la caída.

Una acción tiene más valor que mil buenas intenciones

Mientras él [Jesús] decía estas cosas, una mujer de entre la multitud levantó la voz y le dijo: Bienaventurado el vientre que te trajo, y los senos que mamaste. Y él dijo: Antes, bienaventurados los que oyen la palabra de Dios, y la guardan.

—Lucas 11.27-28

Es más bendecido ser hacedor de la Palabra de Dios que ser la madre de Jesús.

Muy pocos sueños se hacen realidad por sí mismos. La prueba de una persona se encuentra en la acción. Nunca he escuchado de nadie que tropezara con algo mientras estaba sentado. Ni siquiera una mosca recibe una palmada en la espalda hasta que no comienza a trabajar. Un famoso poema de autor desconocido declara:

Estar sentado y querer algo
  No hace que alguien sea grande;
El Señor envía los peces,
  Pero usted debe sacar los gusanos de la tierra.

Debe darse cuenta de que no aprende nada mientas habla. Las palabras sin acción son las asesinas de los sueños. La acción más pequeña es mejor que la intención más grande. La historia se hace cuando usted da el paso correcto. La acción es el fruto apropiado del conocimiento. Tener una idea debería ser como sentarse sobre una tachuela; lo debería hacer saltar y hacer algo.

> *Ve a la hormiga, oh perezoso,*
> *Mira sus caminos, y sé sabio;*
> *La cual no teniendo capitán,*
> *Ni gobernador, ni señor,*
> *Prepara en el verano su comida*
> *Y recoge en el tiempo de la siega*
> *su mantenimiento..*
> —PROVERBIOS 6.6-8

Nada predica mejor que esta hormiga y sin embargo ella no dice nada. La acción es lo único que le hará ganar respeto. La inacción gana la falta de respeto.

Algunas personas encuentran que la vida es un sueño vacío porque no ponen nada en dicho sueño. Cada vez que un hombre expresa una idea, encuentra a otros diez que la habían pensado antes; pero sólo la habían *pensado*. Mark Twain observó:

> *El trueno es bueno, el trueno es muy notable, pero es el relámpago el que hace el trabajo.*

La prueba de este libro no es que el lector diga: «¡Qué cantidad de ideas inspiradoras!», sino «¡Voy a hacer algo!»

El diablo no tiene ningún problema en que usted confiese su fe mientras tanto no la practique. Cuando oramos, debemos estar dispuesto a, en forma simultánea, tomar la acción que Dios nos dirige como respuesta a nuestra oración. Las respuestas a nuestras oraciones van a incluir acción.

Hay personas que usted conoce que van a la iglesia, leen sus Biblias, oran, escuchan casetes, leen buenos libros y todavía viven con cosas inauditas en sus vidas. ¿Por qué? Porque no están haciendo lo que deben hacer con lo que saben.

> *Pero sed hacedores de la palabra, y no tan solamente oidores, engañándoos a vosotros mismos.*
>
> —Santiago 1.22

Cuando usted escucha y no toma acción, permite que la decepción entre a su vida. Permite que se apoderen cosas que no son correctas. Yo creo que cuando Dios le enseña algo le da la oportunidad para ponerlo en práctica. Dios no quiere que usted sea simplemente oidor, quiere que sea hacedor. El hecho es que si no toma acción, en realidad no cree.

La Biblia nos dice que la acción da lugar a la fe (Santiago 2.26). «Aun el muchacho es conocido por sus hechos» (Proverbios 20.11). Muchas personas que asisten a la iglesia cantan sobre marchar adelante firmes en las promesas de Dios cuando lo que en realidad están haciendo es estar sentados. Demasiadas personas tienen cuidado de no descubrir el secreto del éxito porque muy en lo profundo de su ser sospechan que el secreto puede ser trabajo arduo.

Cuanto menos se asocie con algunas personas, tanto más va a mejorar su vida

NO PODEMOS PASAR POR ALTO ESTO: Una de las decisiones más importantes que va a realizar en el curso de su vida es a quienes escoge como amigos íntimos o asociados.

> *Usted es el mismo hoy que va a ser dentro de cinco años excepto por dos cosas: la gente con quienes se asocia y los libros que lee.*
>
> –Charlie «El Tremendo» Jones

Usted llegará a ser como las personas con las que se asocia íntimamente.

«Los amigos en su vida son como los pilares en su porche: algunas veces sostienen, otras veces se apoyan en usted; a veces es suficiente con saber que están allí» (Anónimo). Un verdadero amigo es la persona que le permite olvidar cuando usted ha hecho el ridículo. Las buenas amistades siempre multiplican nuestro gozo y hacen disminuir nuestro dolor.

Sus mejores amigos son los que le hacen que usted demuestre sus mejores cualidades. Usted es mejor, no peor, después de haber estado con ellos.

Un buen amigo, nunca se interpondrá en su camino a menos que su camino sea cuesta abajo. Él va a intervenir cuando otros se van. Un buen amigo es alguien que va a estar allí por usted, cuando en realidad preferiría estar en otro lugar.

La clase correcta de amigos son aquellos con quienes usted se atreve a ser usted mismo; personas con las cuales puede soñar en voz alta. A veces una sola conversación con la persona correcta puede ser más valiosa que muchos años de estudio. Para mí, mis mejores amigos son los que entienden mi pasado, creen en mi futuro y me aceptan hoy.

La clase equivocada de amigos, a diferencia de la clase correcta, hace que usted demuestre sus peores cualidades. Usted sabe la clase de la que estoy hablando: son las personas que absorben la luz del sol e irradian tinieblas. Son aquellos que siempre van a darle razones por las cuales usted no puede hacer lo que quiere hacer. ¡No les preste atención! El libro de Proverbios dice:

Confiar en un hombre indigno es como masticar con una muela cariada o tratar de correr con un pie fracturado.
> –Proverbios 25.19 (La Biblia al Día)

Un amigo es alguien que sabe todo sobre usted, pero que dice: «Todavía me gustas». «Trate a sus amigos como trataría a sus mejores cuadros y colóquelos en la mejor luz» (Jennie Churchill). Un buen amigo va a estar a su lado cuando otros piensan que usted está acabado. Los amigos se comunican al nivel del corazón. La Biblia dice que en todo tiempo ama el amigo.

Un día que usted pase lejos de las malas asociaciones es como un día de descanso en el campo. Nunca tenga compañías que lo colocan en la sombra. Usted debería tener la clase de amigos, que si se dieran las gracias mutuamente, les tomaría todo un día hacerlo. Mark Twain escribió:

Manténgase alejado de la gente que trata de restarle importancia a sus ambiciones. La gente pequeña siempre lo hace, pero las personas grandes le hacen sentir que usted también puede llegar a ser grande.

Todas las personas nacen como originales; pero la mayoría mueren como copias

EL LLAMADO EN SU VIDA NO ES A SER UNA COPIA.

En este día de presión de los compañeros, tendencias y modas, debemos darnos cuenta de que cada persona ha sido hecha «a la medida» por Dios el Creador. Cada uno de nosotros tiene un llamado único. Nosotros deberíamos ser nosotros mismos y no tratar de copiar a nadie.

Debido a que trabajo mucho con iglesias, tengo contacto con muchos tipos diferentes de personas. Una vez, hablé por teléfono con un pastor que no conocía y que no me conocía a mí personalmente. Nos pusimos de acuerdo para que visitara su iglesia en calidad de consultor y cuando estábamos terminando nuestra conversación y hablando sobre la hora en que nos encontraríamos en el aeropuerto local, el hombre me preguntó «¿Cómo lo voy a reconocer cuando se baje del avión?»

«Oh, no se preocupe, pastor. Yo lo voy a reconocer a usted», le dije en broma. «Todos los pastores son parecidos».

Lo que quiero destacar en esta historia es que *usted* debe ser la persona que Dios diseñó para que fuera.

Usted y yo siempre podemos encontrar alguien más rico que nosotros, más pobre, o más importante o menos capaz de lo que somos nosotros. Pero cómo son otras personas, lo que tienen o lo que sucede en las vidas de ellas no tiene ningún efecto en nuestro llamado. En Gálatas 6.4 se nos aconseja con estas palabras:

Así que, cada uno someta a prueba su propia obra y entonces tendrá motivo de gloriarse sólo respecto de sí mismo y no en otro.

Dios lo hizo a usted de cierta forma. Usted es único, no hay dos como usted. Copiar a otros es perjudicarse a sí mismo y no lograr la plenitud de lo que Dios lo ha llamado a ser y a hacer. La imitación es limitación.

Destáquese, no se haga como los demás. Muchas veces la mayoría es un grupo de caracoles con motivación alta. Si mil personas dicen una cosa necia, todavía es necia. La verdad nunca depende de que hay consenso de creencia.

No sea persuadido a ser disuadido por la opinión del grupo. No hace ninguna diferencia lo que creen otras personas; usted debe creer. Nunca tome dirección para su vida personal de una multitud. Nunca abandone porque alguien no está de acuerdo con usted. De hecho, las dos peores cosas que se puede decir a sí mismo cuando tiene una idea son: «¡Eso nunca se ha hecho antes!» y «¡eso se ha hecho antes!»

En 1 Pedro 2.9 se dice lo siguiente de nosotros, los cristianos:

Mas vosotros sois linaje escogido, real sacerdocio, nación santa, pueblo adquirido por Dios, para que anunciéis las virtudes de aquel que os llamó de las tinieblas a su luz admirable.

En Romanos 12.2 se nos exhorta:

No os conforméis a este siglo, sino transformaos por medio de la renovación de vuestro entendimiento, para que comprobéis cuál sea la buena voluntad de Dios, agradable y perfecta.

Los creyentes vivimos en este mundo pero somos extraterrestres. Deberíamos hablar de forma diferente, actuar de forma diferente y obtener logros diferentes. Usted se debería destacar.

Debería de haber algo diferente en usted. Si no se destaca en un grupo, si su vida no es única o diferente, se debería reevaluar.

Escoja aceptar y llegar a ser la persona que Dios lo ha hecho para que sea. Use la originalidad y el genio creativo de Dios que hay en su vida. Si usted no es usted, entonces, ¿quién va a ser?

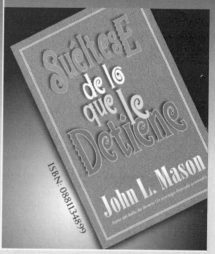
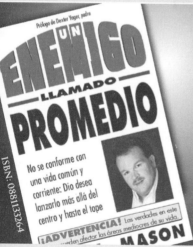

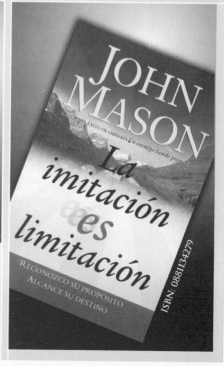